U0943569

人文社科

高校学术研究论著丛刊

新时期乡村振兴与乡村治理研究

王遂敏 著

中国书籍出版社
China Book Press

图书在版编目(CIP)数据

新时期乡村振兴与乡村治理研究 / 王遂敏著. —北京:
中国书籍出版社,2019.10
ISBN 978-7-5068-7463-2

Ⅰ. ①新… Ⅱ. ①王… Ⅲ. ①农村—群众自治—研究
—中国 Ⅳ. ①D638

中国版本图书馆 CIP 数据核字(2019)第 212893 号

新时期乡村振兴与乡村治理研究

王遂敏 著

丛书策划 谭 鹏 武 斌
责任编辑 成晓春
责任印制 孙马飞 马 芝
封面设计 东方美迪
出版发行 中国书籍出版社
地 址 北京市丰台区三路居路 97 号(邮编:100073)
电 话 (010)52257143(总编室) (010)52257140(发行部)
电子邮箱 eo@chinabp.com.cn
经 销 全国新华书店
印 刷 三河市铭浩彩色印装有限公司
开 本 710 毫米×1000 毫米 1/16
印 张 14.75
字 数 191 千字
版 次 2020 年 1 月第 1 版 2020 年 1 月第 1 次印刷
书 号 ISBN 978-7-5068-7463-2
定 价 78.00 元

目　录

第一章　乡村振兴战略的提出和定位

习近平总书记在党的十九大上提出了乡村振兴战略，该战略的制定与实施旨在从根本上解决“三农”问题，满足广大农民追求美好生活的愿望。具体来说，乡村振兴就是实现“产业兴旺、生态宜居、乡风文明、治理有效、生活富裕”，这是我国当前以及未来较长一段时间内需要贯彻落实的重要战略。

第一节　乡村振兴战略的提出

一、我国城乡关系的历史变迁轨迹

我国城乡关系与社会发展之间存在密不可分的关系，二者相互影响、共同发展。大体上，我们可以将中华人民共和国成立以来的城乡关系变化划分为四个阶段，即改革开放前的城乡分割、改革开放到20世纪末的城乡联通、进入21世纪的城乡统筹和党的十八大以来的城乡融合。

（一）城乡分割发展时期

综观世界各国的发展史，可以看到很多国家在工业化建设初期，都会采取牺牲农民利益的方式推动经济增长、社会发展。中华人民共和国成立之初，作为一个有4亿人口的农业大国，中国面对的是国民党反动政府遗留下来的“一穷二白”的烂摊子，加上西方国家对我国实行政治敌对和经济封锁，要建设中国的工业化体系显然是难上加难。

对于当时的中国而言，想要实现经济的快速增长，促进工业化建设，就必须借鉴外国工业化发展的一般规律，这就导致我国在很长一段时间内采取了重工业、轻农业，城乡分割的二元体制。国家对农产品实行严格的计划生产、计划供应即统购派购制度，统一定价收购农产品和供应工业品，形成价格上的“剪刀差”，从中获得国家工业化所需的原料，提取发展资金。同时，实行严密的、城乡阻隔的户籍管理制度，对粮、棉、油和生活必需品实行凭票供应，严格阻止农业人口向城镇转移。在改革开放以前，农民进城销售农产品是要割除的“资本主义尾巴”，城乡物资的个体交流是要被打击的“投机倒把”。除了少量在自留地种养的蔬菜、家禽和从生产队分的、省吃俭用留下来的一些东西可在集市上叫卖外，农民不可以带大宗农产品进城自由买卖，更不能进城做工经商；城里人也不能私自去农村收购农产品和出售工业品，形成严格的二元分割局面。

将发展重点倾向于工业，呈现城乡分割的二元社会结构，是一个国家实现工业化的必经之路，可以说这是符合社会发展的客观规律的、难以逾越的特定阶段。在我国工业化发展进程中，农业、农村、农民为之提供了原始积累，创造了物质基础，做出了巨大贡献。尽管国家加大对农业的物资和信贷投入，发展农机农资生产和农村工业，为推进农业现代化创造条件，但受限于当时经济实力制约等原因，仍显得力不从心，留下不少欠账。我们要结合历史阶段与客观实际来认识和把握问题，彻底破除城乡分割带来的弊端，扎实推进“三农”新发展，使之朝着现代化的目标不断前进。

（二）城乡联通发展时期

20 世纪五六十年代，为了更好地开展社会主义建设，我国在一段时间内实行了城镇青年支援农村的政策，还有一些农村青年通过升学、当兵或招工等方式到城镇发展，农村人口和城镇人口有了一定流动。但从总体上看，全国城镇与广大农村是区隔的。20 世纪 70 年代后期，国家支持发展地方“五小”工业和社队企业，促进了城乡生产要素直接交流。特别是上千万城镇知识青年上山下乡和回城就业，既带来知青家人和亲朋好友下乡走访，也促使农民到城里走亲访友见世面，为城乡联通创造了契机。

随着改革开放的实行，我国很多地区的乡镇企业迅速崛起，还有很多马路市场得到发展，这有力推动了我国城镇和农村逐渐的生产要素流通，在一定程度上打破了城乡二元分割的限制与壁垒。国家实施对外开放政策，创办经济特区，开放沿海港口城市，扩大经济开放区，带动了大批农民到沿海城市和开放地区就业创业。国家逐步放宽农副产品统购统销政策，允许完成派购任务的农副产品可以自由上市和自主运销，提倡队店挂钩、产销对接。同时，工业化、城镇化发展需要大量新生劳动力，农民工进城不仅是打工经商，而且也在城镇中生活定居。城乡间人口、商品、资金、技术、信息和观念交流日益拓展，极大地冲击了城乡二元结构。

随着改革开放的不断深入，计划经济已经无法适应我国当时的市场需求，在邓小平南方谈话精神的指引下，我国开始从根本上摆脱实行多年的计划经济制度的束缚，开拓了更广阔的市场空间。党的十四大确立了建立社会主义市场经济体制的改革目标，提出了到 20 世纪末实现人民生活由温饱进入小康。1993 年 11 月召开党的十四届三中全会，审议通过《中共中央关于建立社会主义市场经济体制若干问题的决定》，强调在坚持以公有制为主体、多种经济成分共同发展的基础上，建立现代企业制度、全国统一开放的市场体系、完善的宏观调控体系、合理的收入分配制度和多层次的社会保障制度。这就为彻底打破城乡分割的二元结构、进一步解放社会生产力创造了条件，也为统筹推进城乡改革发展、更好地解决农业这个国民经济的薄弱环节夯实了基础。

（三）城乡统筹发展时期

随着时间推移至21世纪，我国的工业化建设已经进入全新阶段，此时我国社会发展的主要诉求是实现城乡联动、一体化发展。党的十六大报告提出统筹城乡发展方略，强调解决好“三农”问题是全党工作的重中之重，城乡发展一体化是解决“三农”问题的根本途径。要求加大统筹城乡发展力度，增强农村发展活力，逐步缩小城乡差距，促进城乡共同繁荣。坚持工业反哺农业、城市支持农村和“多予、少取、放活”的方针，加大强农、惠农、富农政策力度，保持农民收入持续较快增长，让广大农民平等参与现代化进程、共同分享现代化成果。加快完善城乡发展一体化体制机制，着力在城乡规划、基础设施、公共服务等方面推进一体化，促进城乡要素平等交换和公共资源均衡配置。

推动城乡统筹发展，重点在于正确认识并处理城市和农村的关系，必须坚持以工促农、以城带乡、工农互惠、城乡一体为指导原则，构建新型城乡工农关系。要采取切实的政策和措施，打破城乡二元体制，消除制约农业农村发展的体制性障碍，调整公共资源配置，增加农业和农村的投入。要在城乡产业政策、劳动就业、要素流动、公共事业建设、社会保障等方面加大统筹协调力度，不断缩小城乡发展差距，实现城市与农村共同进步、工业与农业协调发展。

我国自2004年起，每年都由中央印发关于“三农”问题的一号文件，其目的是为了推进我国城乡统筹发展的顺利推行。具体来说，一号文件是为加快社会主义新农村建设、促进城乡经济社会一体化发展、促进农民持续增收等出台的一系列政策意见。2005年年底，全国人大决定废止农业税条例，中国农民彻底告别“皇粮国税”。国家重视提高农业综合生产能力，发展现代农业，加强农业基础设施建设，加快农业科技创新，促进农业稳定发展、农民持续增收、农村不断进步。以农村最低生活保障、新型农村合作医疗、新型农村社会养老保障、农村“五保”供养等为重要内容的社会保障体系逐步形成，被征地农民社会保障、农民工工伤和医疗等社会保险不断完善。包括乡镇机构、农村义务教育、县乡财政管理体制等内容的农村综合改革和集体林权制度改革取得积极进展。

（四）城乡融合发展时期

党的十八大以来，我国进一步强调农业农村发展的重要性，强调应该在社会建设中适当地向农业倾斜。习近平总书记多次强调农业农村发展对于中国特色社会主义建设顺利推进的重要意义，对坚持农业农村优先发展、建立健全城乡融合发展的体制机制和政策体系作出一系列重要指示，要求加强党对“三农”工作的领导，统筹推进农村经济建设、政治建设、文化建设、社会建设、生态文明建设和党的建设，加快推进乡村治理体系和治理能力现代化建设，加快农业农村现代化，走中国特色社会主义乡村振兴道路，让农业成为有奔头的产业，让农民成为有吸引力的职业，让农村成为安居乐业的家园。

我们必须清晰地认识城镇和乡村之间的关系，二者的发展并不应该是相互阻碍的，而应该是互促互进、共生共存的。推进乡村振兴、重塑城乡关系，要坚持工业化、信息化、城镇化、农业现代化同步发展，走城乡融合发展之路。注重城乡规划共绘，把城乡一体、区域协调、均衡发展的理念落实到规划的编制和实施之中，加强城乡经济社会发展与空间布局、产业提升、建设用地等规划的衔接。注重城乡产业共兴，统筹考虑资源要素、发展基础、产业布局、重大项目，促进城乡劳动力有序流动，城乡居民在就业创业中增加收入。注重城乡设施共建，加快农村交通道路、供水排污、农田水利、文化教育、医疗卫生、全民健身等公共设施建设，推进城乡基础设施互联互通、共建共享。注重城乡生态共保，加强生态文明建设和环境保护，落实绿色发展方式和生活方式，坚持人与自然和谐共生，让天蓝地绿、山清水秀的美丽画卷更好地呈现在城乡大地。注重城乡要素共享，促进人才、资金、科技等要素更多更好地转向“三农”，让农村的机会吸引人，让农村的环境留住人，推动形成工农互惠、城乡互补、全面融合、共同繁荣的新型工农、城乡关系。

当前，我国正在大力推进乡村振兴战略的实施，随着这一战略的贯彻落实，我国现代农业会加快发展，广大农民的获得感、幸福感、安全感会更加充实、更有保障、更可持续，优质、生态、绿色的农产品会更加丰富多彩，农村基础设施和公共服务会进一步得到提升，农村社会更加和谐，神州大地一定会更生动地展示出城乡全面繁荣、融合发展的壮美场景。

二、乡村振兴概念的提出

习近平总书记在党的十九大报告中首次提出了乡村振兴战略，并在报告中强调其重要性，将其作为我国决胜全面建成小康社会的重要战略。报告指出，农业、农村、农民问题是关系国计民生的根本性问题，必须始终把解决好“三农”问题作为全党工作的重中之重。按照产业兴旺、生态宜居、乡风文明、治理有效、生活富裕的总要求，建立健全城乡融合发展体制机制和政策体系，加快推进农业农村现代化。在具体策略方面，报告强调，保持土地承包关系稳定并长久不变，第二轮土地承包到期后再延长30年。构建现代农业产业体系、生产体系、经营体系，完善农业支持保护制度，发展多种形式适度规模经营，培育新型农业经营主体，健全农业社会化服务体系，实现小农户和现代农业发展有机衔接。促进农村一、二、三产业融合发展，支持和鼓励农民就业创业，拓宽增收渠道。加强农村基层基础工作，健全自治、法治、德治相结合的乡村治理体系。培养造就一支懂农业、爱农村、爱农民的“三农”工作队伍。

习近平总书记在提出乡村振兴这一概念后，多次陈述关于这一战略的重要性，这也在社会各个领域激起了热烈讨论。在2017年12月召开的中央农村工作会议上，习近平总书记提出了一系列新理念新思想新战略：一是坚持加强和改善党对农村工作的领导，为“三农”发展提供坚强政治保障；二是坚持重中之重的战略地位，切实把农业农村优先发展落到实处；三是坚持把推进农业供给侧结构性改革作为主线，加快推进农业农村现代化；四是坚持立足国内保障自给的方针，牢牢把握国家粮食安全主动权；五是坚持不断深化农村改革，激发农村发展新活力；六是坚持绿色生态导向，推动农业农村可持续发展；七是坚持保障和改善民生，让广大农民有更多的获得感；八是坚持遵循乡村发展规律，扎实推进美丽宜居乡村建设。

乡村振兴战略是对我国过去的农业农村发展战略的继承和发展，是基于我国当前社会发展实际和“三农”发展需要的先进战略，它响应了我国亿万农民的殷切期盼。必须抓住机遇，迎接挑战，发挥优势，顺势而为，努力开创农业农村发展新局面，推动农业全面升级、农村全面进步、农民全面发展，谱写新时代乡村全面振兴新篇章。

第二节　乡村振兴战略的战略定位和总体要求

一、乡村振兴战略的战略定位

（一）乡村振兴战略的基本原则

原则是对行为的有效约束，是保证行为不脱离既定轨道的重要指引，因此，贯彻落实乡村振兴战略必须遵循以下几项基本原则：

第一，实施乡村振兴战略，必须坚持因地制宜、循序渐进。科学把握乡村的差异性和发展走势分化特征，做好顶层设计，注重规划先行、因势利导，分类施策、突出重点，体现特色、丰富多彩。

既尽力而为，又量力而行，不搞层层加码，不搞一刀切，不搞形式主义和形象工程，久久为功，扎实推进。

第二，实施乡村振兴战略，必须坚持城乡融合发展。坚决破除体制机制弊端，使市场在资源配置中起决定性作用，更好发挥政府作用，推动城乡要素自由流动、平等交换，推动新型工业化、信息化、城镇化、农业现代化同步发展，加快形成工农互促、城乡互补、全面融合、共同繁荣的新型工农城乡关系。

第三，实施乡村振兴战略，必须坚持党管农村工作。毫不动摇地坚持和加强党对农村工作的领导，健全党管农村工作方面的领导体制机制和党内法规。确保党在农村工作中始终总揽全局、协调各方，为乡村振兴提供坚强有力的政治保障。

第四，实施乡村振兴战略，必须坚持乡村全面振兴。准确把握乡村振兴的科学内涵，挖掘乡村多种功能和价值，统筹谋划农村经济建设、政治建设、文化建设、社会建设、生态文明建设和党的建设，注重协同性、关联性，整体部署，协调推进。

第五，实施乡村振兴战略，必须坚持农业农村优先发展。把实现乡村振兴作为全党的共同意志、共同行动，做到认识统一、步调一致，在干部配备上优先考虑，在要素配置上优先满足，在资金投入上优先保障，在公共服务上优先安排，加快补齐农业农村短板。

第六，实施乡村振兴战略，必须坚持改革创新、激发活力。不断深化农村改革，扩大农业对外开放，激活主体、激活要素、激活市场，调动各方力量投身乡村振兴。以科技创新引领和支撑乡村振兴，以人才汇聚推动和保障乡村振兴，增强农业农村自我发展动力。

第七，实施乡村振兴战略，必须坚持农民主体地位。充分尊重农民意愿，切实发挥农民在乡村振兴中的主体作用，调动亿万农民的积极性、主动性、创造性。把维护农民群众根本利益、促进农民共同富裕作为出发点和落脚点，促进农民持续增收，不断提升农民的获得感、幸福感、安全感。

第八，实施乡村振兴战略，必须坚持人与自然和谐共生。牢固树立和践行“绿水青山就是金山银山”的理念，落实节约优先、保护优先、自然恢复为主的方针，统筹山水林田湖草系统治理，严守生态保护红线，以绿色发展引领乡村振兴。

（二）贯彻乡村振兴战略的目标

乡村振兴战略符合我国具体国情和实际发展需求，战略实施分步进行，根据计划到 2020 年，乡村振兴的制度框架和政策体系基本形成，各地区各部门乡村振兴的思路举措得以确立，全面建成小康社会的目标如期实现。到 2022 年，乡村振兴的制度框架和政策体系初步健全。国家粮食安全保障水平进一步提高，现代农业体系初步构建，农业绿色发展全面推进；农村一、二、三产业融合发展格局初步形成，乡村产业加快发展。农民收入水平进一步提高，脱贫攻坚成果得到进一步巩固：农村基础设施条件持续改善，城乡统一的社会保障制度体系基本建立；农村人居环境显著改善，生态宜居的美丽乡村建设扎实推进；城乡融合发展体制机制初步建立，农村基本公共服务水平进一步提升；乡村优秀传统文化得以传承和发展，农民精神文化生活需求基本得到满足；以党组织为核心的农村基层组织建设明显加强，乡村治理能力进一步提升，现代乡村治理体系初步构建。探索形成一批各具特色的乡村振兴模式和经验，乡村振兴取得阶段性成果。

二、乡村振兴战略的总体要求

（一）坚持中国共产党领导“三农”工作，贯彻落实优先发展农业农村的战略

农业是一个国家生存和发展的基础，是实现农业农村发展，实现农民共同富裕的重要产业，是为居民提供食物、为工业提供原料的基础产业，是关系国家经济安全和社会稳定的战略产业。在有 13 亿多人口的中国，吃饭问题始终是事关国计民生的大事，必须把中国人的饭碗牢牢端在自己手上，坚持粮食基本自给、口

粮立足国内。农业是保证和支持国民经济正常运行的基础，为工业和服务业发展提供资金、原材料、劳动力资源和广阔的市场空间。

农业是国民经济的基础部门，农村是农业发展的基础，因此，只有保障农村稳定，才能保障国家稳定，当前有一些发展中国家由于走了畸形的工业化、城镇化道路，形成规模庞大的贫民窟，严重影响社会安定。忽视农业农村，造成工农业比例失调、城乡二元分割差距扩大，给经济和社会发展带来重大损失，给人民生活造成严重影响。

从我国发展实际来看，虽然整体上经济社会发展取得了巨大进步，但存在城市与农村、东部与西部发展差距较大的问题，因此，想要实现全面建成小康社会、全面建设社会主义现代化的目标，重点在“三农”，最突出的短板也在“三农”。农业农村农民问题是关系国计民生的根本性问题，必须始终把解决好“三农”问题作为全党工作的重中之重。把农业农村优先发展落到实处，做到干部配备上优先考虑，要素保障上优先满足，资金投入上优先保障，公共服务上优先安排。充分发挥新型工业化、城镇化、信息化对乡村振兴的辐射带动作用，加快农业农村现代化。深入推进以人为核心的新型城镇化，促进农村劳动力的转移和转移人口的市民化。积极引导和支持资源要素向“三农”流动，在继续加大财政投入的同时，鼓励更多的企业“上山下乡”，推动更多的金融资源向农业农村倾斜，支持更多人才到农村广阔天地创业创新。进一步统筹城乡基础设施和公共服务，加大对农村道路、水利、电力、通信等设施的建设力度，加快发展农村社会事业，推进城乡基本公共服务均等化。

我国始终坚持党对“三农”工作的领导，我们应该进一步加强和改善这种领导，提高新时代全面推进乡村振兴的能力和水平。完善党委统一领导、政府负责、党委农村工作部门统筹协调的领导体制，实行中央统筹、省负总责、市县抓落实、乡村组织实施的工作机制。坚持党政“一把手”是第一责任人，五级书记抓乡村振兴，其中，县委书记尤其要当好乡村振兴的“一线总指挥”。各有关部门要结合自身职能定位，确定工作重点，细化政策举措，分解落实责任，切实改进作风，不断提升服务“三农”的本领。

（二）以“五位一体”为指引，协调推进乡村全面振兴

习近平总书记在党的十九大上提出了实施乡村振兴战略这一重要决策部署，这是我国现阶段和未来较长一段时间内的建设重点。如期实施第一个百年奋斗目标并向第二个百年奋斗目标迈进，最艰巨、最繁重的任务在农村，最广泛、最深厚的基础在农村，最大的潜力和后劲也在农村。要从国情农情出发，顺应亿万农民对美好生活的向往，坚持把农村的经济建设、政治建设、文化建设、社会建设、生态文明建设作为一个有机整体，统筹协调推进，促进农业全面升级、农村全面进步、农民全面发展。坚持以产业兴旺为重点、生态宜居为关键、乡风文明为保障、治理有效为基础、生活富裕为根本，书写好实施乡村振兴这篇大文章。

1. 加强农村组织建设

加强以党组织为核心的村级组织建设，打造坚强的农村基层党组织，培养优秀的农村党组织书记，深化村民自治、法治、德治，发展农民合作经济组织，增强村级集体经济实力，为实施乡村振兴战略提供保障。

2. 加强农村人才培养

加快培育新型农业经营主体，激励各类人才到农村广阔天地施展才华、大显身手，让愿意留在乡村搞建设的人留得安心，让愿意“上山下乡”到农村创业创新的人更有信心，打造强大的人才队伍，强化乡村振兴人才支撑。

3. 推进农村产业发展

紧紧围绕建设现代农业和农村一、二、三产业融合发展，深化

农业供给侧结构性改革，坚持质量兴农、绿色发展，确保国家粮食安全，调整优化农业结构，构建乡村产业体系，提高农业的创新力和竞争力，实现乡村产业兴旺、生活富裕。

4. 完善农村生态建设

加强农村生态文明建设和环境保护，综合治理农村突出的环境问题，扎实推进农村“厕所革命”和垃圾分类，完善农业生活设施，倡导绿色生产和生活方式，以优良生态支撑乡村振兴，让农村成为安居乐业的美丽家园。

5. 推进农村文化发展

以社会主义核心价值观为引领，加强农村思想道德建设和公共文化建设，深入挖掘优秀农耕文化内涵，培育乡土文化人才，推动形成文明乡风、良好家风、淳朴民风，更好地展示农民的良好精神风貌，提高乡村社会文明程度，焕发乡村文明新气象。

（三）调动农民积极性，培育农民的创新精神和创造能力

我国自古是农业大国，我国农民具备勤劳、聪慧的特点，农民的智慧点亮了中国的历史发展长河。中华人民共和国成立以来，我国农民在实践中探索了“大包干”、发展乡镇企业、建农民新城、农家乐旅游等成功做法，经党和政府总结、提升、扶持、推广，转化为促进生产力发展和农民增收致富的巨大能量。尊重农民首创精神，鼓励农民大胆探索，是党的群众路线的生动体现，也是实践证明行之有效、理当继续坚持的原则要求。在推进乡村振兴的过程中，必须认清农民主体地位，尊重农民创造，鼓励基层创新，充分调动各个方面特别是广大农民的积极性、创造性，汇聚支农助农兴农的力量。

1. 保障并维护农民的合法物质利益和民主权利

在经济上切实维护农民的物质利益，在政治上充分保障农民

的民主权利，是保护和调动农民积极性的两个方面。要坚持"多予、少取、放活"的方针，加快发展现代农业和农村经济，大力提升农村基础设施和公共服务水平，推进农村基层民主建设和村务公开，不断增强乡村治理能力，从而让农民真正得到实惠，激发其作为主体投身乡村振兴的积极性和创造性。

2. 制定并实施长期稳定农村基本政策

稳定农村政策，就能稳定农民人心。坚持以家庭承包经营为基础、统分结合的双层经营制度，长期稳定土地承包关系，实行土地所有权、承包权、经营权"三权"分置，促进土地合理流转，发展适度规模经营。坚持劳动所得为主和按生产要素分配相结合，鼓励农民通过诚实劳动、合法经营和加大资本、技术投入等方式富起来，倡导先富帮助和带动后富，实现共同富裕。在保护粮食生产能力的同时，积极发展多种经营，推动农业农村经济结构调整等。这些基本政策符合农民的利益和愿望，有利于调动亿万农民的积极性，保护和发展农村生产力。

3. 充分尊重农民的生产经营自主权

市场经济与计划经济存在本质区别，在市场经济条件下，农户作为独立的经营主体和自负盈亏的风险承担者，其生产经营的自主权理当受到尊重。支持农民根据市场需要和个人意愿，选择生产项目和经营方式，实现生产要素跨区域的合理流动；政府侧重于规划引导、政策指导和提供信息、科技、营销等服务，创造良好的生产条件和公平有序的市场环境。

4. 鼓励农民在实践中积极创造创新

邓小平曾指出，农村搞家庭联产承包，这个发明权是农民的。乡镇企业也是基层农业单位和农民自己创造的。普通农民变为农业生产者、农民打工者、进城经商者、经营管理者、民营企业家，魔术般的角色转换中蕴含着农民的智慧和创造。尊重农民、支持探索、鼓励创造，就能找到解决“三农”问题的有效办法，就会更好地加强和改进党对“三农”工作的领导。

第三节 乡村振兴战略的意义及重点

一、实施乡村振兴战略的重大意义

（一）有利于实现社会主义现代化建设战略目标

社会主义现代化建设是我国现阶段的重要任务，这一建设目标的实现需要各方努力，其中就包括乡村振兴战略的贯彻实施。习近平总书记在党的十九大报告中明确提出，到建党 100 年时建成经济更加发展、民主更加健全、科教更加进步、文化更加繁荣、社会更加和谐、人民生活更加殷实的小康社会，然后再奋斗 30 年，到中华人民共和国成立 100 年时，基本实现现代化，把我国建成社会主义现代化国家。农业农村现代化是国民经济的基础支撑，是国家现代化的重要体现。中国要强，农业必须强；中国要美，农村必须美；中国要富，农民必须富。任何一个国家尤其是大国要实现现代化，唯有城乡区域统筹协调，才能为整个国家的持续发展打实基础、提供支撑。农业落后、农村萧条、农民贫困，是不可能建成现代化国家的。中国共产党始终把解决 13 亿人的吃饭问题当作头等大事，着力保障主要农产品的生产和供给；始终坚持农业是工业和服务业的重要基础，保护和发展农业，以兴农业来兴百业；始终坚持农村社会稳定是整个国家稳定的基础，积极调整农村的生产关系和经济结构，促进农村社会事业发展，以稳农村来稳天下；始终坚持没有农民的小康就没有全国的小康，千方百计增加农民收入，改善农村生产生活条件，增进农民福祉。

从我国经济社会发展实际来看，农业农村发展自改革开放以来获取了巨大进步，现代化水平也在很大程度上有所提高。但要清醒地看到，我国仍处于社会主义初级阶段，农业农村是国家全面小康和现代化建设中尤其需要补齐的短板；农业受资源和市场双重约束的现象日趋明显，市场竞争力亟待提升；城乡发展差距依然很大，农民收入稳定增长尤其是农村现代文明水平提高的任务十分艰巨。我们必须切实把农业农村优先发展落到实处，深入实施乡村振兴战略，积极推进农业供给侧结构性改革，培育壮大农村发展新动能，加强农业基础设施建设和公共服务，让美丽乡村成为现代化强国的标志，不断促进农业发展、农民富裕、农村繁荣，保障国家现代化建设进程更协调、更顺利、更富成效。

（二）有利于解决我国社会存在的主要矛盾

改革开放推动了我国经济、政治、社会、文化等各个方面的发展，人们的生活质量显著提高，当前我国社会主要矛盾已经转化为人民日益增长的美好生活需要和不平衡不充分的发展之间的矛盾。当前，城乡发展不平衡是我国最大的发展不平衡，农村发展不充分是最大的发展不充分。加快农业农村发展，缩小城乡差别和区域差距，是乡村振兴的应有之义，也是解决社会主要矛盾的重中之重。习近平总书记强调，任何时候都不能忽视农业，不能忘记农民，不能淡漠农村。我国是一个有着960多万平方千米土地、13亿多人口的大国，城市不可能无边际扩大，城市人口也不可能无节制增长。不论城镇化如何发展，农村人口仍会占较大比重，几亿人生活在乡村。即使是城里人，也会向往农村的自然生态，享受不同于都市喧闹的乡村宁静，体验田野农事劳作，品赏生态有机的美味佳肴。当前我国经济比较发达的城市，已经达到了与欧洲、美国不相上下的发达程度，但是很多农村地区与发达国家的差距十分巨大。很难想象，衰败萧条的乡村与日益提升的人民对美好生活的需要可以并存。农宅残垣断壁、庭院杂草丛生、老弱妇孺留守、陈规陋习盛行，显然是我们发展不平衡不充分的具体体现，必须下大决心、花大力气尽快予以改变。要协调推进农村经济、政治、文化、社会、生态文明建设和党的建设，全面推进乡村振兴，让乡村尤其是那些欠发达的农村尽快跟上全国的发展步伐，确保在全面建成小康社会、全面建设社会主义现代化国家的征程中不掉队。

（三）有利于广大农民对美好生活的期待

我们党始终重视农业农村的建设与发展，时代发展对“三农”工作提出了新要求，以习近平同志为核心的党中央着眼党和国家事业全局，把握城乡关系变化特征和现代化建设规律，对“三农”工作作出了进一步指示，充分体现了以人民为中心的发展思路，科学回答了农村发展为了谁、发展依靠谁、发展成果由谁享有的根本问题。习近平总书记多次指出，小康不小康，关键看老乡；强调农民强不强、农村美不美、农民富不富，决定着亿万农民的获得感和幸福感，决定着我国全面小康社会的成色和社会主义现代化的质量；明确要求全面建成小康社会，一个不能少，共同富裕道路上，一个不能掉队。中国共产党一直以来把依靠农民、为亿万农民谋幸福作为重要使命。这些年来，农业供给侧结构性改革有了新进展，新农村建设取得新成效，深化农村改革实现新突破，城乡发展一体化迈出新步伐，脱贫攻坚开创新局面，农村社会焕发新气象，广大农民得到了实实在在的实惠，实施乡村振兴战略、推进农业农村现代化建设的干劲和热情空前高涨。2018 年中央一号文件明确提出实施乡村振兴的三个阶段性目标任务：到 2020 年，乡村振兴取得重要进展，制度框架和政策体系基本形成；到 2035 年，乡村振兴取得决定性进展，农业农村现代化基本实现；到 2050 年，乡村全面振兴，农业强、农村美、农民富全面实现。只要我们坚持以习近平新时代中国特色社会主义思想为引领，立足国情农情，走中国特色的乡村振兴道路，就一定能更好地推动形成工农互促、城乡互补、全面融合、共同繁荣的新型城乡工农关系，让亿万农民有更多的获得感，全体中国人民在共同富裕的大道上昂首阔步、不断迈进。

(四)有利于中国智慧服务于全球发展

不断思考、不断创新是我们党的光荣传统,我们党在革命、建设和改革发展进程中,以中国具体实际和现实需要为基础,积极开展实践探索,在国家富强和人民幸福上取得了巨大成就,同时,还为全球进步、发展提供了有益的借鉴。党的十八大以来,中国围绕构建人类命运共同体、维护世界贸易公平规则、实施“一带一路”建设、推进全球经济复苏和一体化发展等许多方面,提出了自己的主张并付诸行动,得到了国际社会的普遍赞赏。同样,多年来,在有效应对和解决农业农村农民问题上,中国创造的乡镇企业、小城镇发展、城乡统筹、精准扶贫等方面的成功范例,成为全球的样板。在现代化进程中,乡村必然会经历艰难的蜕变和重生,有效解决乡村衰落和城市贫民窟现象是世界上许多国家尤其是发展中国家面临的难题。习近平总书记在党的十九大提出实施乡村振兴战略,既对中国更好地解决“三农”问题发出号召,又是对国际社会的昭示和引领。在拥有13亿多人口且城乡区域差异明显的大国推进乡村振兴,实现产业兴旺、生态宜居、乡风文明、治理有效、生活富裕,实现新型工业化、城镇化、信息化与农业农村现代化同步发展,不仅是惠及中国人民尤其是惠及亿万农民的伟大创举,而且必定能为全球解决乡村问题贡献中国智慧和中国方案。

二、实施乡村振兴战略的整体思路

(一)把握乡村振兴战略实施的关键环节

1. 进一步推进城乡公共服务均等化

当前,我国农村发展与城市发展的差距较大,农村基础设施落后是造成这一局面的重要原因之一,这严重制约了农村的产业发展与进步。《中华人民共和国国民经济和社会发展第十三个五年规划纲要》提出了2020年实现"基本公共服务均等化水平稳步提高"的目标,包括就业、教育、文化体育、社保、医疗、住房、农村道路等基础设施。应该说,自2006年中央一号文件部署社会主义新农村建设以来,农村公共服务供给取得了明显进展,但仍然存在着水平低、城乡接续难和城乡不均衡等问题。因此,要按照国家"十三五"规划纲要的要求,"坚持普惠性、保基本、均等化、可持续方向",围绕"标准化、均等化、法制化",尽快建立国家基本公共服务清单,列出哪些服务应该由政府供给、哪些应该由市场供给,分清政府和市场的职责,促进城乡基本公共服务项目和标准的有机衔接。要借鉴国外经验,推动多元化供给方式,广泛吸引社会资本参与,引入竞争机制,推行特许经营、定向委托、战略合作、竞争性评审等方式。对于一些具有一定营利性的公共服务项目,建议采取政府和社会资本合作(PPP)模式,政府用少量资金以补贴的方式推动项目的开展,由企业负责运行,减轻政府的财政压力,确保公共服务项目的可持续性。公共服务均衡化,财政实力很重要,但关键在于政府的施政理念。实现城乡基本服务均等化,既需要中央的大政方针,更需要一批有能力、对"三农"有感情的基层干部队伍。

2. 加强人才培养,解决资金短缺问题

乡村振兴战略可以大致上划分为两大部分,即乡村治理和产业发展,而人才和资金则是支持这些工作顺利开展的基础条件,同时,我国农业农村发展受到制约的主要因素就是人才稀缺和资金短缺。因此,推进乡村振兴战略,必须抓好人才和资金这两个核心,我们应该积极借鉴发达国家的实践经验,结合我国农业农村发展实际情况,建立健全职业农民制度,加强农业农村人才培养,加强农村专业人才队伍建设,为了鼓励人才参与乡村建设,应该建立科学合理的激励机制。同时,还应该以乡情乡愁为纽带,吸引各个领域的人才积极投身乡村建设和改革事业,充分挖掘人才力量,确保乡村振兴人才稀缺问题得以改善。此外,解决资金紧缺也是一个重要课题，我国财政部门应该进一步加强对乡村建设的财政投入，并且确保专款专用，确保财政投入切实作用于乡村振兴事业，尤其是作用于那些关键领域。加强金融制度的改革和完善，尽可能引导有效金融资源进入农村发挥作用，从而满足农业农村发展提出的多样化需要。除此以外，还应该加强社区性农村资金的建设和发展，充分发挥民间金融组织对乡村振兴的促进作用。

3. 制定并贯彻农村金融支持政策

前面已经提到，资金短缺是限制农村发展的一个重要因素，因此有必要制定农村金融支持政策，以此为农村产业发展提供有效资金支持。因为产业兴旺的外在表现形式就是各类经营主体大发展，这决定了强有力的金融政策支持的必要性。首先，正规金融机构要加大对农业产业化、农村中小企业的支持力度，有针对性地支持一批竞争能力强、带动农户面广、经济效益好的龙头企业和较大型农民专业合作社，稳步增加贷款投放规模，不断创新金融产品和服务，强化对“三农”和县域小微企业的服务能力。其次，支持符合条件的农民专业合作社从事信用合作。要按照2014年中央一号文件的要求，“在管理民主、运行规范、带动力强的农民合作社和供销合作社基础上，培育发展农村合作金融，不断丰富农村地区金融机构类型”。坚持社员制、封闭性原则，不对外吸储放贷、不支付固定回报，推动社区性农村资金互助组织发展。在目前相关法律法规不健全的情况下，要不断完善地方农村金融管理体制，加强对农村合作金融的监管，有效防范金融风险。最后，加大对农业保险产品的供给。农业农村产业风险大、利润薄，必须有一个完善的保险体系承担托底功能。政策性保险机构、商业保险机构要改革当前的保险制度，提供更多的保险产品，满足农业农村产业发展的需要。2017年修订的《中华人民共和国农民专业合作社法》第六十六条规定，“鼓励农民专业合作社依法开展互助保险”，有利于小规模农户和家庭农场等新型经营主体在保险领域开展合作，也有利于商业保险机构在农民合作的基础上推广保险产品。

（二）充分发挥村“两委”在乡村振兴中的作用

村“两委”是指村中国共产党支部委员会和村民自治委员会。乡村振兴需要落实于乡村，这就决定了村“两委”发挥作用必然是战略实施的一个关键环节。在新时代，村“两委”的工作重点，就是要按照十九大报告提出的实施乡村振兴战略“产业兴旺、生态宜居、乡风文明、治理有效、生活富裕”的总要求把农村工作做好。

1. 推进农村集体产权制度改革

目前，开展集体产权制度改革试点的县（市、区）已经超过1 000个，超过全国县级单位总数的三分之一。从试点村的改革实践情况可以看出，集体产权制度改革在很大程度上推动了村集体经济收入增长和经济发展。村“两委”的同志要按照中央的要求，积极推进集体产权制度改革，并在改革中找到进一步发展农村集体经济的途径。尤其是对于那些集体经济家底比较薄弱的村，要充分挖掘现有资源、资金、资产的潜力，该入股的入股，该变现的变现，该出租的出租，通过各种途径增加集体收入，提升村“两委”为人民服务的能力。

2. 强化乡村文明建设，开展科学有效的乡村治理

改革开放带来了经济发展，但计划经济体制向市场经济体制的转变对农村发展造成了一定冲击，很多农村地方舍弃了维系其凝聚力的传统文化，导致人心涣散，有的地方甚至犯罪率上升，更谈不上经济发展。在新的历史时期，要把全体村民凝聚到十九大精神上来，就要重新找回传统文化中精华的东西，在现代村民自治加法治的框架内植入中国传统文化的德治的内容，实现“自治、法治、德治”有机结合，用中国传统文化中“德”这一要素来沁润、感化、引导村民，使其自觉遵纪守法，不断提高村民自治水平，这

是实现十九大提出的“农业农村现代化”和“乡村振兴战略”的先决条件。乡村治理中实施“三治”相结合，党员干部必须带头孝敬老人，遵纪守法，团结友爱，树立新风尚、新气象；对于村中出现的好人好事要及时予以表彰，对于失德现象要及时予以批评教育；要形成乡村抑恶扬善的机制，使想恶者不敢恶、不能恶，并逐渐戒掉恶习，养成善习。

3. 加强农民专业合作社的培育和发展

习近平总书记在党的十九大报告中指出，我国应该“培育新型农业经营主体，健全农业社会化服务体系，实现小农户和现代农业发展有机衔接”。其中，农民专业合作社是最重要的经营主体，并且在整个农业经营体系中居于中坚环节。实践证明，无论是新办还是加入合作社，村“两委”的带头示范都会起到意想不到的作用。对于已有合作社的村，可以尝试用集体资产（如房屋、设备等）和资源（如仍由集体统一经营的水面、池塘、果园、荒山黄坡等）入股，一方面有利于合作社的经营活动，另一方面也可以为农村集体获取一部分收益。此外，村“两委”还要指导合作社的规范发展，即按照修改后的《农民专业合作社法》的要求，定期召开成员大会或成员代表大会，在决策中贯彻以基本表决权为主、附加表决权为辅的原则，在盈余分配中贯彻以按交易量（额）分配为主的原则。实践证明，只有规范的合作社才能调动广大成员的积极性，确保可持续发展。

三、乡村振兴的实施要点

（一）明确村民的主体性，保证战略实施的根本目的是实现人的幸福

村民是乡村生活的主体，这里的村民是指原有村民、产业新村民和消费新村民（具有阶段性或短时性），我国大力推进乡村振

兴战略的实施，根本目的在于实现乡村主体的幸福生活愿望。因此，乡村振兴的发起、研究、实施，都要突出主体的参与性、能动性。

发起乡村振兴需要有的内生动因提供支撑，这可以是自发的也可以是外部激发的，只有村民自身有发展的意愿、有对更加幸福生活的追求，乡村振兴才有了真正的土壤。内生动因的形成，一方面靠村民自身的需求，另一方面也靠有意识、有组织的引导和激发。乡村强则中国强，乡村美则中国美。

在制定乡村振兴方案时，必须尊重村民的主体性，要使全体村民参与方案制定的全过程，也就是说从调研、初步方案、方案论证到模拟实验等环节，实现全体村民的全程参与。不同阶段，参与人群不同，参与方式也不同，总体要做到公开、透明、动态化。尊重主体的发展意愿，尽量满足主体的发展诉求。

乡村振兴的实施，更需要村民的全力参与。乡村振兴，就是村民振兴，村民要从意识、理念、土地、房屋、精力、财力等各方面参与到集体的振兴行动中，形成统筹共建、和谐共享的格局。

乡村生活主体是乡村振兴的主要服务对象，是战略实施的核心，但除此以外，战略实施过程中，还应该正确处理政府、第三方服务机构、外来投资运营主体的关系。在全面乡村振兴的开始阶段，尤其是“十三五”时期，政府是乡村振兴的主导力量，承担着整体谋划、顶层设计、政策支持、改革创新、分类组织、个体指导、实施评估等任务。第三方服务机构，一般是政府或者村集体聘请进行乡村振兴规划设计、公共建设、产业运营的机构，承担着专业化咨询建设运营工作，是乡村振兴中的外部智囊、专业助手，也是保障乡村振兴科学、可持续进行的重要力量。同时，在乡村进行传统文化传承创新、现代产业发展构建的过程中，外来专业的投资运营力量也是振兴发展的机遇和重要推力。根据乡村的产业构建方向，进行针对性的招商引资，由投资方通过规模性投资加快产业力量形成、提升产业规范化、增加产能，由运营方通过专业化的运营管理，进一步推动乡村产业专业化、杠杆化发展。

制定并实施贯彻乡村振兴战略，根本目的在于满足村民对美好生活的愿望，根本在于乡村生活主体自身的幸福。对于大部分村庄来说，尤其要关注儿童、老人、妇女等特殊人群的需求。因此，在乡村振兴的顶层设计、方案制定、系统实施过程中，教育、养老、医疗、乡村文化活动都是必须要重点考虑的内容。乡村振兴，要让儿童在乡村里能够得到良好的教育，有适宜的游戏、活动空间，儿童的成长状况有人关心，有科学体验和儿童保健。乡村振兴，要让老人在乡村有适宜的休闲、群体活动场所，老人的健康检查和病理看护有良好的安顿，高龄老人有所陪伴、有人照料。让老人与儿童之间有安全的得到保障的传承空间、温情的家庭生活。乡村振兴，要让妇女在乡村得到足够的尊重，有同等的教育权、决策权、劳动权和获得报酬的权利，让妇女在乡村拥有追求幸福生活的自由空间。

在乡村生活主体中有一部分为特殊群体，乡村振兴还应该满足这一群体对幸福生活的追求，要为他们提供足够的权益保障和自由幸福生活的空间。同时，需要乡村产业得到足够的发展，通过可持续的、富有竞争力的产业构建，打造发展平台，提供就业岗位，创造创业空间，让年轻人在乡村能够安放下青春，谋得生活，温暖他们的家庭，承担他们该承担的抚养、陪伴、精神支柱的责任。同时，乡村的文化建设、传统的家庭伦理、村落治理追求、文明的群众生活秩序，也是人们获得幸福感的重要保障。

乡村振兴应该吸引村民主动回到家乡建设，引导那些外出务工人员返乡就业、创业，引导外出求学的学子完成学业后回乡建设，反哺给他们的乡村，需要政府创新乡村产业机制、政策支持、各类保证，需要村民合力创造良好的产业环境。

同时，乡村振兴的过程中也要重视、欢迎由于投资创业、消费生活等来到乡村的“新村民”。关心他们的诉求、需求，创造他们便于创业、安于生活的条件和环境，吸引他们来，把他们留住，形成乡村发展的活力群体。

（二）实行生态式发展模式，促使乡村实现有机生长

推动乡村振兴的一个关键点在于转变发展理念，应该贯彻落实有机生长的村落发展理念。通过对国内保存较为完整的古村落和城镇进行分析，会发现其选址建设过程中都关注所处的生态环境系统，对山水林田湖草生态系统具备天生敬畏。回到当下，随着人类生存并改造自然生态系统能力的增强，在村落的生存发展过程中出现了自然生态系统的缺位发展。

1．推动生态环境与产业发展的和谐统一

产业兴旺是乡村振兴的基础，生态宜居是乡村振兴的关键，产业与生态的有机融合，是乡风文明、治理有效、生活富裕的重要支撑。推进产业生态化和生态产业化，是深化农业供给侧结构性改革、实现高质量发展、加强生态文明建设的必然选择。

2．构建"三生融合"的村落发展空间

"三生融合"是指乡村生产、生活、生态的有机融合，实施乡村振兴战略，应该以"三生融合"为原则进行空间规划，重新定义村庄发展格局，实现城乡空间的有效融合。村庄生活空间要考虑村落原有居民和外来客群的舒适度，系统规划布局让人们充分体验乡土文化的生活空间；要充分考虑村庄居民产业构建、展示和体验空间，构建区域内完整的产业发展空间；要完善生态空间，综合考虑村庄生态系统及容量，设计村庄居住人口、产业发展和游客接待等上限。

3．构建生态持续的生活系统

我国从古至今都崇尚"天地人合一"的生活理念，当前，乡村生活主体依然以此作为其重要的生活信仰。传统的生活系统能让人们体验与自然系统的全方位联结关系，让人们享受每天与土壤、水、风、植物、动物的互动，同时尊重自然的循环。建立契合区

域生态系统的生活方式，包括构建村庄生活公约，从能源、材料、食物等多个方面实现生态可持续发展。

4. 乡村建设中贯彻落实生态建设原则

村庄在建设过程中的材料运用、技艺运用、景观环境打造上要全面落实生态建设理念。建筑材料选择上凸显与区域环境匹配的乡土性，乡土建材包含砖、石、瓦、木材、竹材等，给人以温暖、质朴、亲近之感；乡村景观植物选择凸显区域气候特色，考虑区域气候、土壤、光照、水文等因素的影响选择地域特色植被，提高生物多样性，降低养护成本；乡村技艺环境要突出工匠精神，挖掘村庄地域传统的建筑工艺、木匠、编织、彩绘和建造等传统技艺。

（三）推动乡村振兴相关制度改革，建立健全乡村振兴动力体系

1. 推进土地制度改革创新

土地制度改革直接影响农业农村发展，这是乡村振兴战略的一项重要内容。2018 年中央一号文件对深化农村土地制度改革，部署了多项重大改革任务，吸引资金、技术、人才等要素流向农村，如探索宅基地所有权、资格权、使用权“三权分置”改革等。《乡村振兴战略规划（2018—2022 年）》进一步明确指出在符合土地利用总体规划前提下，允许县级政府通过村土地利用规划调整优化村庄用地布局，有效利用农村零星分散的存量建设用地。

四川省仁寿县为了有效激活土地要素，搭建土地流转服务平台，实现农村土地资源在县、乡、村内实现三级流转，成立县农村产权流转交易服务中心，除控规控建的个别乡镇之外，48 个乡镇全部建立了乡镇土地流转服务机构，452 个村成立土地流转服务站，为社会资本进入乡村提供了便捷化服务，解决了社会资本在土地流转中直面群众协商困难、难以规模流转、基础设施投入成

本高等问题。[①] 河南省新郑市在《新郑市人民政府关于印发〈新郑市加快推进乡村振兴战略2018年实施方案〉的通知》中提出，积极探索开展村级土地利用总体规划编制工作，结合乡镇土地利用总体规划，有效利用农村零星分散的存量建设用地，调整优化村庄用地布局，加大指标倾斜力度，在下轮规划修编时，预留部分规划建设用地指标优先用于农业设施和休闲旅游设施等建设。

2. 推进资金政策改革创新

资金短缺是限制我国农业农村发展的主要因素之一，“钱从哪里来的问题”是乡村振兴战略实施必须解决的一个关键问题，根据我国农业农村的实际发展情况，我国政府提出要加快形成财政优先保障、金融重点倾斜、社会积极参与的多元投入格局，确保投入力度不断增强，总量不断增加。

为了拓宽农业农村的资金获取渠道，政府部门应该制定相应的鼓励政策，建立健全乡村金融服务机制，只有这样，才能打破现有的乡村发展金融供给不足，尤其是农业农村经营主体获得信贷的难度较大、可能性较小的困境。同时，创建新型金融服务类型，鼓励投资金融主体多样化获取投资和可持续发展的资金，引导乡村筹建发展基金，合法合理放开搞活金融服务机制，打破乡村发展信贷瓶颈。创新农村金融服务机制，推进“两权”抵押贷款，推广绿色金融、生态金融、共生金融理念，探索内置金融、普惠金融等新型农村金融发展模式，实现金融服务对乡村产业、乡村生活全覆盖，为乡村建设提供助力。

3. 推进人才政策改革创新

村民是乡村生活主体，是乡村振兴的核心，政府是乡村振兴的主导机构，除了村民和政府外，乡村振兴的参与主体还包括第三方机构、投资主体、乡村新居民以及乡村志愿者等。新居民包

① 仁寿积极探索乡村振兴有效路径[EB/OL]. http://newsapp.server.ehecd.com/News/detail/id/2420.

括来乡村就业、创业、休闲、度假、养老等群体。第三方机构、乡村新居民、乡村志愿者是乡村振兴的“新”力量，他们带着新理念、新资源、新动力来到乡村，是乡村发展的重要变量。

充足的人才储备是乡村振兴的重要前提和保障，因此必须重视人才培养。政府应出台一系列针对乡村振兴的人才政策：一是针对本土人才的政策，包括本土人才的选拔、培养、激励等，给出资金、体制、机制、税收、共建共享等方面的整套政策；二是针对外来人才的政策，应针对如何吸引、鼓励外来人才来乡村就业创业，如何留住外来人才，如何产生人才带动效应等出台系列政策。

要发挥各市场主体的作用，建立健全政府引导、市场配置、项目对接、长效运转、共建共享的人才振兴工作机制。鼓励地方大力实施本土外流人才还乡的“飞燕还巢计划”，以及以乡村振兴创新创业空间和项目集群为核心的外来人才“梧桐树计划”，既源源不断地自生人才、召回人才，又能持续地吸引人才，形成多元共建、充满活力的乡村人才振兴局面。

（四）推动产业协调发展，构建村民共建共享机制

乡村振兴的一项重要内容就是实现农业农村各相关产业的协调发展，村集体经济的壮大则是实现乡村产业振兴的重要基础，也是最终实现乡村振兴的可持续保障。

壮大村集体经济是实现乡村振兴战略目标的必然选择，在此过程中需要注意以下几个方面的内容：一是打造一支具备绝对领导力的村两委领导集体；在村民自愿的基础上，成立村集体合作社或专项合作社；二是把村里零星分散或者闲置的土地、房屋、草场、林地、湖泊、废弃厂房等，进行整理，请专业机构进行评估，实现资源变资产，并将该资产纳入村集体合作社，进行统一规划、经营、开发、利用；三是依托合作社，引入社会企业，成立股份公司，合作社代表村集体和村民以资源入股，社会企业以资金入股，共同构建实施乡村振兴发展的企业；四是拓展产业发展内容，依托乡村产业基础和文化生态资源，推进精品手工文创、农林土特产

品、文化生态旅游、农副精深加工、田园养生度假、乡村健康养老等产业内容；五是坚持推动村民的共建共享，将村民纳入村集体社会经济发展的平台上，农民通过土地入股、技术入股、房屋入股和劳动力入股等方式获得相应的分红；六是建设村民创业发展公共平台，为村民自主创业提供资本、技术、设备、培训和场地等方面的支持。

（五）构建现代泛农产业体系，促进业态健康发展

传统农业产业结构已经不能适应农业现代化建设的要求，这就要求我们必须对原有产业结构进行适当的优化升级，这也是乡村振兴的一项重要内容。坚持以市场需求为导向，找准方向，按照一、二、三产业融合发展的理念，提升农业农村经济发展的质量和效益。在产业类型上既要对传统农业进行提质增效，又要在市场需求的基础上，进行跨产业整合，实现农业与旅游的融合、农业与文化的融合、农业与养老的融合、农业与健康产业的融合等，延长产业链、拓宽增收链，构建现代泛农产业体系。

以乡村产业发展为中心，依托大数据，灵活运用互联网、物联网、区块链等先进科学技术，打造产业运营平台、资源整合平台、产品交易平台、品牌营销平台、人才流动合作平台、项目对接平台、乡村文创平台等，凝聚力量，促进乡村产业兴旺发达。要以特色突出、优势明显、竞争力强大为原则，构建乡村现代泛农产业体系，同时，要深挖产品价值，匠心培育市场需要，且具有很强增长性的新业态。以乡村旅游为例，就可以根据资源和条件，开发乡村共享田园、共享庭院、民宿、文创工坊、亲子庄园、享老庄园、电商基地、采摘园、乡野露营等业态，需要村集体、村民创业者、外来投资者多方共建。

（六）重视农村精神文明建设，以乡村 IP 为基础实现高质量发展

乡村的精神文明建设也是乡村振兴的重要组成部分，在战略实施过程中，必须将继承保护和创新发展乡村文化作为一项重要

任务。乡村文化拥有独立的价值体系和独特的社会意义、精神价值。在乡村振兴的推进过程中，首先要保护乡村的灵魂，要保护好乡村文化遗产，组织实施好乡村记忆工程，要重塑乡贤文化，要恢复传承传统民俗。

推动农业农村发展，必须有文化支撑，这就要求我们必须传承和发展乡村精神，并根据现代化要求提炼和创新这些精神文化，建设符合乡村振兴需要的时代文化堡垒。充分挖掘乡村传统文化的底蕴、精神和价值，并赋予时代内涵，发挥其在凝聚人心、教化育人中的作用，使之成为推动乡村振兴的精神支柱和道德引领。大力提升乡村公共文化服务水平，丰富乡村公共文化生活，让本土村民、乡村新居民能够享受到丰富的文化生活，创建新的乡村文化体系。

通过建设乡村文化 IP 传承和发展乡村精神文化是一个可以获得良好效果的途径。让文化创意产业成为乡村富民的重要产业支撑，文化创意产业可与乡村一、二、三产业融合发展，提升乡村产业附加值。对于乡村振兴来讲，打造爆品 IP 可以提高知名度，增强识别力，形成竞争力。在乡村振兴中要尽可能培育具备自身特色或导入具备市场影响力的 IP，以推动乡村产品的附加值、区别度、识别度、影响力和吸引力。

第四节　国外乡村发展的实践经验

一、美国乡村发展实践经验

在当今世界，美国的工业化、城镇化、现代化程度均处于领先地位，在城乡均衡发展、一体化统筹推进的实践中也取得了不错的成绩。美国的乡村发展主要具备以下几个特点：一是农业以家庭农场为基础，产业化水平高。2010 年，美国的农场约有 220 万个，农场占地面积为9.2亿英亩，平均每个农场的面积为418英亩。美国农场以家庭农场为主，公司型的农场越来越少。由于美国农场多为家庭式农场，因此小型农场所占比例较高。全美9英亩(1英亩约等于6亩)以下的农场有23万多个，10至49英亩的农场62万多个，50至179英亩的农场66万多个，180至499英亩的农场36万多个，500至999亩的农场15万个，1 000英亩以上农场17万多个。二是科技对农业的支撑有力。突出科研与生产的紧密结合，注重成果的转化，重视新品种、新技术、新设备和新管理方式在农业农村的应用，建立农技推广站，开展多元化的农民职业技术教育。三是加强农村基础设施建设。广大乡村的基础设施、社会事业和公共服务与城市差别不大，到城市或产业园上班，回小镇或乡间生活，成为许多美国人的常态。四是城乡流通体系发达。普遍采用区域化分工和专业化种植，新鲜农产品以直销为主，产地与超市、连锁经销网络直接对接，较好地实现从田间到餐桌的一体化营销。五是健全城乡统筹发展的法律和政策体系。政府出台一系列优惠政策，鼓励工人和居民从城市迁往郊区。通过保护性收购政策和目标价格支付相结合的做法，采用灵活性补助措施，稳定和提高农民的收入。联邦政府和地方政府按一定比例出资，对农业农村项目给予补贴。六是农业对国际市场的依赖性较大。出口量占农产品总量的20%左右，一旦国际市场发生变化，容易出现农产品过剩。

二、法国乡村发展实践经验

法国农业发展经历了从传统农业到现代农业的转变，当前，法国已经成为农村品生产和出口为特征的国家，并且在统筹城乡发展方面的实践上也获得了一定成就。一是中小农场的经营方式与农工商一体化紧密结合。法国55万多平方千米的国土大多为丘陵，土地资源丰富，海洋性气候温和，降水量适宜。耕作面积在82公顷以下的农场占绝大多数，土地租赁经营的比重较高，国家加大生产补贴以鼓励发展农业。农业专业化生产与各类生产资料的供应以及农产品的运输、加工、贮存、销售紧密对接，进行统一经营，“农工商综合体”应运而生并不断壮大；二是用法律和政策调控产业布局。从 20 世纪 60 年代起，巴黎市中心征收“拥挤税”，政府对由中心区搬到郊区的工厂给予优惠的搬迁补偿费。20 世纪 60 年代中期，巴黎建立了由农业区、林业区、自然保护区和中小城镇组成的乡村绿化带。三是整合促进乡村发展的力量。将早期乡村开发中设立的众多机构进行改革，把名目繁多的各种补贴统一为国土整治奖金，改变了政出多门、资金分散、效率低下的弊端。为支持落后乡村地区，法国政府签署了发展计划合同，60％的资金由国家财政承担，其余的则由地方负责。四是重视农业科技和农民教育。规定必须接受过 9 年义务教育，进农业基地学校学习 3 个月，再到农场实习 3 年，期满经考试合格毕业后，到专门的农业学校学习过农场管理知识，才具有经营农场的资格。完善农业基础研究、应用研究和技术推广体系，更好地发挥科技对农业的支撑作用。五是重视为农村提供与城市大致相同的公共服务和发展机会，健全农业人口的社会保障制度，在乡村布局既有农业生产功能，又有居住区、娱乐区和自然生态保护区的城镇，带动城乡一体化发展。

三、德国乡村发展实践经验

第二次世界大战对德国社会造成重创，在经过半个多世纪的恢复和发展后，德国基本上实现了工业化、城市化与农业农村现代化的同步发展，基本上消除了城乡发展不同步的鸿沟。第二次世界大战后，德国为了应对农村产业、环境污染、科技不足、老龄化等方面存在的问题，在实践中进行了各种探索并取得了一定成果。一是加强对农业农村的保护和投入。以《农业法》《合作社法》等为重点形成保障“三农”的法律体系，对农业农村实施种类繁多的扶持和补贴政策。重视对农村教育、卫生、能源、交通等多方面的投入，力求公共服务水平与城市基本相当。突出生态优先、可持续发展，注重保护自然景观和生态物种，强调既要留住青山，又要留住青年。二是构建合作化体系。发展农村合作经济组织，减少生产交易活动中的损失，共享农产品加工营销的增值效应，实现大型农机设施、农资供应、病虫害防治、农技服务等方面的分工协作，形成农场主、地区联盟、全国联盟三个层次有机结合的结构性支撑。三是大力发展绿色农业。强化生态环保、发展有机农业已形成共识并日益深入人心，通过完善法律法规，实施检测和追溯制度，实行奖惩等手段，发展绿色农业，生产有机食品。四是以现代科技助推农业。运用物联网、大数据、云计算等技术，加大机器人、卫星遥感、传感器等的应用推广，促进农业向精准化、智慧化方向发展。五是全面提升农村生产生活条件。大力实施数字化基础设施改造、污水处理设施改造、交通工具的无障碍化改造等，推出“学在当地”“人才伙伴计划”“专业人才攻势”等计划，加大农村专业人员培训，不断为农村地区补充人力资源。六是持续开展农村竞赛。涵盖发展观念与经济创新、农村社区组织与文化建设、建筑意象与居住品质、绿化园艺与人文景观等多个方面，促进农业农村可持续发展。

四、巴西乡村发展实践经验

相较于美国和欧洲国家，拉丁美洲的国家在城乡发展上呈现出显著差别。巴西社会发展经历了重工轻农、重城轻乡的发展阶段，这导致其城乡发展存在较大差距。在城市加快现代化的同时，乡村发展明显滞后，大批劳动力涌向城市却又得不到稳定的就业和居所，在一些大城市的城郊接合部形成了特殊的贫民窟现象。由于不能很好地解决城乡统筹发展的问题，社会动荡情况明显加强，对经济发展形成拖累，国民经济在较长时间里处于徘徊甚至倒退的状况。20 世纪 60 年代以后，巴西开始实施城乡联动、统筹发展的新探索。一是形成带动农村的新增长极。国家为加快边远农村开发，以玛瑙斯市为中心建立增长极，带动整个亚马孙地区的发展。通过完善基础设施、鼓励资金投入、发展科技教育等措施，促进经济增长由中心城市向外围区域拓展。同时，引导和扶持小城镇兴起，在广大乡村形成多个经济增长点。二是加大政府投入，改善农业农村发展的基础条件，增加对农业的补贴。三是进行农村土地制度改革。联邦政府提供信贷，鼓励购买乡村地产，促进基础设施建设和发展农业生产。四是重视发挥社会组织作用。政府把原来直接承担的培训、信息、技术等服务工作，转为由民间组织实施，并给予必要的资助，以进一步推进城乡社会组织的发展和城乡融合。

五、日本乡村发展实践经验

当前，日本基本上实现了城市和乡村的同步发展，但是在其工业化、城市化的过程中也出现过城乡发展不平衡的问题，为了解决这一问题日本进行了各种尝试。从 20 世纪 60 年代起，日本通过制定《农业基本法》和全国综合开发计划、“农村引进工业促进法”等，配套相应的政策措施，解决产业合理布局、区域均衡发展问题，着力缩小城乡差距。政府重视建设农村基础设施，加大对农村生活环境的整治和对乡村的保护与投资。鼓励工业由大都市向中小城镇和农村转移，推动农村工业化。推进农村土地规模经营，出台专门的法律和政策，支持以土地买卖和土地租借为主要形式的土地流动。在加快发展农村基础教育的同时，特别注重农村职业技术教育，为提高一、二、三产业效率和促进农村的城市化打实基础。促进农业科技进步，大力应用先进的品种、农资和技术，工业向农业提供质优价廉的生产资料，推动农业的机械化、化学化、集约化生产经营。建立起以医疗保险和养老保险为主的农村社会保障体系，城乡实行一体化的国民公共医疗和养老保险制度。积极发展农业协会，基本覆盖各町村，为广大农户提供生产生活服务，有效促进了农业劳动生产率和农民生活质量的提高。日本还建立农村劳动力服务体系，促进农民就业，并形成政府、金融机构、企业等社会力量和农民共同参与农村建设的机制。但日本在统筹城乡发展上也面临挑战，主要表现在：一是农村老龄化问题突出，青壮年农业人口减少，农业后继无人；二是农村被抚养人口的比例越来越高，医疗与养老保险负担日益沉重；三是发展现代农业和造村运动，导致水体环境污染、土壤生态失调，对自然生态造成损害。

六、韩国乡村发展实践经验

国土面积小、人口众多是韩国的基本国情，并且韩国的土地资源有 70％为丘陵，这进一步限制了其农业发展。第二次世界大战结束时，韩国是传统的农业国家，农民生活贫困。20 世纪 60 年代初，全国农村人均年收入仅为 60 美元左右。在工业得到快速发展的同时，韩国也面临二元经济挑战，城乡差别和工农失衡严重制约着经济社会的协调发展。为了推动乡村发展，实现城乡协协调均衡发展，韩国政府于 1970 年启动“新村运动”，这一建设实践主要包括以下内容：

一是根据乡村的实际情况采取具有针对性的差别化支持政策。把全国 3 万多个村庄分为基础村、自助村和自立村，对村民齐心协力搞基础建设、用自身奋斗改变村庄面貌的，加大钢材、水泥等物资奖励；对那些行动不快、建设成效不佳的村，则减少资助。二是鼓励发展合作金融。以基层农协为中心，支持自办合作金融，从协会成员中集聚资金贷给其他成员，为农民提供农业生产及日常生活所需资金。三是各方协力推进新村建设。农村道路修建、电力通信、医疗服务等涉及多个部门，国家建立相关部门参加的工作协调与评议机制，整合扶持资金，共同为推进“新村运动”献计出力。四是开展育人工程。设立中央研修院和地方相应培训机构，加强对农村各阶层骨干人员的培训，重点突出理念创新、区域开发、经营管理等方面内容；对普通农民则侧重开展技术培训。同时，组织“新村”指导员、公务员、大学生参加志愿者服务行动，既增加了队伍力量又有助于提高工作实效。五是发挥村民的主体作用。让农民自主选举指导员，自主决定项目建设和时间进度。政府注重征求农民意愿，最大限度地调动农民的积极性和自信心，培养农民自主、自助、自强、合作的精神。六是加快农村设施建设。兴修和提升道路、水利等设施，发展农村电网，设置公用电话，改善农村环境，修建农村供水、排污等系统和公共澡堂、公用水井及洗衣房。推进农村工厂规模化，将工业区建在乡村人口密集地，推动城乡均衡发展。

第二章　产业兴旺：加强现代农业和乡村旅游发展

党的十九大报告提出实施乡村振兴战略，强调坚持农业农村优先发展。现代农业、休闲农业、乡村旅游作为乡村振兴的重要产业，推动着人民生活质量的提高以及美丽乡村的发展。

第一节　加强现代农业建设

一、夯实农业生产能力基础

（一）健全粮食安全保障机制

坚持以我为主、立足国内、确保产能、适度进口、科技支撑的国家粮食安全战略，建立全方位的粮食安全保障机制。按照“确保谷物基本自给、口粮绝对安全”的要求，持续巩固和提升粮食生产能力。深化中央储备粮管理体制改革，科学确定储备规模，强化中央储备粮监督管理，推进中央、地方两级储备协同运作。鼓励加工流通企业、新型经营主体开展自主储粮和经营。全面落实粮食安全省长责任制，完善监督考核机制。强化粮食质量安全保障。加快完善粮食现代物流体系，构建安全高效、一体化运作的粮食物流网络。

(二)加强耕地保护和建设

严守耕地红线,全面落实永久基本农田特殊保护制度,完成永久基本农田控制线划定工作,确保到2020年永久基本农田保护面积不低于15.46亿亩。大规模推进高标准农田建设,确保到2022年建成10亿亩高标准农田,所有高标准农田实现统一上图入库,形成完善的管护监督和考核机制。加快将粮食生产功能区和重要农产品生产保护区细化落实到具体地块,实现精准化管理。加强农田水利基础设施建设,实施耕地质量保护和提升行动,到2022年农田有效灌溉面积达到10.4亿亩,耕地质量平均提升0.5个等级(别)以上。

(三)提升农业装备和信息化水平

推进我国农机装备和农业机械化转型升级,加快高端农机装备和丘陵山区、果菜茶生产、畜禽水产养殖等农机装备的生产研发、推广应用,提升渔业船舶装备水平。促进农机农艺融合,积极推进作物品种、栽培技术和机械装备集成配套,加快主要作物生产全程机械化,提高农机装备智能化水平。加强农业信息化建设,积极推进信息进村入户,鼓励互联网企业建立产销衔接的农业服务平台,加强农业信息监测预警和发布,提高农业综合信息服务水平。大力发展数字农业,实施智慧农业工程和“互联网+”现代农业行动,鼓励对农业生产进行数字化改造,加强农业遥感、物联网应用,提高农业精准化水平。发展智慧气象,提升气象为农服务能力。

二、加快农业转型升级

(一)推进农业结构调整

加快发展粮经饲统筹、种养加一体、农牧渔结合的现代农业,促进农业结构不断优化升级。统筹调整种植业生产结构，稳定水稻、小麦生产，有序调减非优势区籽粒玉米，进一步扩大大豆生产规模，巩固主产区棉油糖胶生产，确保一定的自给水平。大力发展优质饲料牧草，合理利用退耕地、南方草山草坡和冬闲田拓展饲草发展空间。推进畜牧业区域布局调整，合理布局规模化养殖场，大力发展种养结合循环农业，促进养殖废弃物就近资源化利用。优化畜牧业生产结构，大力发展草食畜牧业，做大做强民族奶业。加强渔港经济区建设，推进渔港渔区振兴。合理确定内陆水域养殖规模，发展集约化、工厂化水产养殖和深远海养殖，降低江河湖泊和近海渔业捕捞强度，规范有序发展远洋渔业。

（二）壮大特色优势产业

以各地资源禀赋和独特的历史文化为基础，有序开发优势特色资源，做大做强优势特色产业。创建特色鲜明、优势集聚、市场竞争力强的特色农产品优势区，支持特色农产品优势区建设标准化生产基地、加工基地、仓储物流基地，完善科技支撑体系、品牌与市场营销体系、质量控制体系，建立利益联结紧密的建设运行机制，形成特色农业产业集群。按照与国际标准接轨的目标，支持建立生产精细化管理与产品品质控制体系，采用国际通行的良好农业规范，塑造现代顶级农产品品牌。实施产业兴村强县行动，培育农业产业强镇，打造一乡一业、一村一品的发展格局。

三、建立现代农业经营体系

（一）巩固和完善农村基本经营制度

落实农村土地承包关系稳定并长久不变政策，衔接落实好第二轮土地承包到期后再延长30年的政策，让农民吃上“长效定心丸”。全面完成土地承包经营权确权登记颁证工作，完善农村承包地“三权分置”制度，在依法保护集体所有权和农户承包权前提下，平等保护土地经营权。建立农村产权交易平台，加强土地经营权流转和规模经营的管理服务。加强农用地用途管制。完善集体林权制度，引导规范有序流转，鼓励发展家庭林场、股份合作林场。发展壮大农垦国有农业经济，培育一批具有国际竞争力的农垦企业集团。

（二）壮大新型农业经营主体

实施新型农业经营主体培育工程，鼓励通过多种形式开展适度规模经营。培育发展家庭农场，提升农民专业合作社规范化水平，鼓励发展农民专业合作社联合社。不断壮大农林产业化龙头企业，鼓励建立现代企业制度。鼓励工商资本到农村投资适合产业化、规模化经营的农业项目，提供区域性、系统性解决方案，与当地农户形成互惠共赢的产业共同体。加快建立新型经营主体支持政策体系和信用评价体系，落实财政、税收、土地、信贷、保险等支持政策，扩大新型经营主体承担涉农项目规模。

（三）发展新型农村集体经济

深入推进农村集体产权制度改革，推动资源变资产、资金变股金、农民变股东，发展多种形式的股份合作。完善农民对集体资产股份的占有、收益、有偿退出及抵押、担保、继承等权能和管理办法。研究制定农村集体经济组织法，充实农村集体产权权能。鼓励经济实力强的农村集体组织辐射带动周边村庄共同发展。发挥村党组织对集体经济组织的领导核心作用，防止内部少数人控制和外部资本侵占集体资产。

四、强化农业科技支撑

（一）提升农业科技创新水平

培育符合现代农业发展要求的创新主体，建立健全各类创新主体协调互动和创新要素高效配置的国家农业科技创新体系。强化农业基础研究，实现前瞻性基础研究和原创性重大成果突破。加强种业创新、现代食品、农机装备、农业污染防治、农村环境整治等方面的科研工作。深化农业科技体制改革，改进科研项目评审、人才评价和机构评估工作，建立差别化评价制度。深入实施现代种业提升工程，开展良种重大科研联合攻关，培育具有国际竞争力的种业龙头企业，推动建设种业科技强国。

（二）打造农业科技创新平台基地

建设国家农业高新技术产业示范区、国家农业科技园区省级农业科技园区，吸引更多的农业高新技术企业到科技园区落户，培育国际领先的农业高新技术企业，形成具有国际竞争力的农业高新技术产业。新建一批科技创新联盟，支持农业高新技术企业建立高水平研发机构。利用现有资源建设农业领域国家技术创新中心，加强重大共性关键技术和产品研发与应用示范。建设农业科技资源开放共享与服务平台，充分发挥重要公共科技资源优势，推动面向科技界开放共享，整合和完善科革宽量品气技资源共享服务平台。

（三）加快农业科技成果转化应用

鼓励高校、科研院所建立一批专业化的技术转移机构和面向企业的技术服务网络，通过研发合作、技术转让、技术许可、作价投资等多种形式，实现科技成果市场价值。健全省市县三级科技成果转化工作网络，支持地方大力发展技术交易市场。面向绿色兴农重大需求，加大绿色技术供给，加强集成应用和示范推广。健全基层农业技术推广体系，创新公益性农技推广服务方式，支持各类社会力量参与农技推广，全面实施农技推广服务特聘计划，加强农业重大技术协同推广。健全农业科技领域分配政策，落实科研成果转化及农业科技创新激励相关政策。

五、完善农业支持保护制度

（一）加大支农投入力度

建立健全国家农业投入增长机制，政府固定资产投资继续向农业倾斜，优化投入结构，实施一批打基础、管长远、影响全局的重大工程，加快改变农业基础设施薄弱状况。建立以绿色生态为导向的农业补贴制度，提高农业补贴政策的指向性和精准性。落实和完善对农民直接补贴制度。完善粮食主产区利益补偿机制。继续支持粮改饲、粮豆轮作和畜禽水产标准化健康养殖，改革完善渔业油价补贴政策。完善农机购置补贴政策，鼓励对绿色农业发展机具、高性能机具以及保证粮食等主要农产品生产机具实行敞开补贴。

（二）深化重要农产品收储制度改革

深化玉米收储制度改革，完善市场化收购加补贴机制。合理制定大豆补贴政策。完善稻谷、小麦最低收购价政策，增强政策灵活性和弹性，合理调整最低收购价水平，加快建立健全支持保护政策。深化国有粮食企业改革，培育壮大骨干粮食企业，引导多元市场主体入市收购，防止出现卖粮难。深化棉花目标价格改革，研究完善食糖（糖料）、油料支持政策，促进价格合理形成，激发企业活力，提高国内产业竞争力。

（三）提高农业风险保障能力

完善农业保险政策体系，设计多层次、可选择、不同保障水平的保险产品。积极开发适应新型农业经营主体需求的保险品种，探索开展水稻、小麦、玉米三大主粮作物完全成本保险和收入保险试点，鼓励开展天气指数保险、价格指数保险、贷款保证保险等试点。健全农业保险大灾风险分散机制。发展农产品期权期货市场，扩大“保险＋期货”试点，探索“订单农业＋保险＋期货（权）”试点。健全国门生物安全查验机制，推进口岸动植物检疫规范化建设。强化边境管理，打击农产品走私。完善农业风险管理和预警体系。

第二节　开发休闲农业

一、休闲农业的概念

休闲农业并不是一个通用术语，在不同国家与地区，存在诸多相近的表述，如“观光农业”“旅游农业”“体验农业”“乡村休闲”等。据研究，中文“休闲农业”一词在公开场合最早使用是在1989年我国的台湾大学举办的“发展休闲农业研讨会”上，将休闲农业定义为：指利用田园景观、自然生态及环境资源，结合农林牧渔生产、农业经营活动、农村文化及农家生活，提供人们休闲，增进人们对农业及农村的体验为目的的农业经营。以此为源头，大陆学者开始介入“休闲农业”的界定，2002年，《全国农业旅游示范地、工业旅游示范点检查标准（试行）》发布，其中对农业旅游点进行了界定：指以农业生产过程、农村风貌、农民劳动生活场景为主要旅游吸引物的旅游点。2013年，原农业部印发《全国休闲农业发展“十二五”规划》，从官方层面对“休闲农业”进行了表述。文件指出：休闲农业是贯穿农村一、二、三产业，融合生产、生活和生态功能，紧密连接农业、农产品加工业、服务业的新型农业产业形态和新型消费业态。至此，我国休闲农业的内涵得以确定。

二、休闲农业的界定

以《全国休闲农业发展“十二五”规划》中休闲农业的界定为

基础，参考国内外业界专家的讨论，休闲农业可以从以下四个方面进行界定：

（一）休闲农业的本质是一种新型农业产业形态

休闲农业既不同于传统的农业生产经营形态，也不同于休闲产业单纯的娱乐服务属性，它是以农业自然生态为核心，将种养殖、林业、牧业、渔业等产业资源与旅游休闲功能进行整合后形成的新型农业产业形态。但休闲农业具有较为明显的季节性与地域性，需要根据农业生产的季节性与地域性特征设计休闲产品，同时，也需要通过差异化产品组合，淡化季节性影响。

（二）休闲农业以“三农”为发展基础

休闲农业的发展需要充分考虑农业、农村、农民问题，不能脱离“三农”基础。在农业方面，通过休闲功能的植入，休闲农业的发展可拉长农业产业链，提升农产品的附加价值，实现一、二、三产业的融合；在农民方面，休闲农业的发展，可充分吸收农村剩余劳动力，在加工业、服务业等方面增加农民就业，同时，还可拉动农民创新创业；在农村方面，休闲农业以产业发展带动区域经济发展，同时通过传统文化的传承、基础设施与公共服务设施的完善、城市文化的碰撞，提升社会文明水平。

（三）休闲农业以“三产融合”构建产业形态

休闲农业是一种“泛农业”概念，是传统农业与加工制作、旅游休闲、康体运动，以及科学技术、物联网、互联网等各类产业融合形成的产业形态。因此，休闲农业是以“农”为基础，以休闲化为导向，通过农业与二、三产的深度融合，打造丰富的产品类型与活动体验，最终形成一、二、三产互促发展的创新产业形态。

(四)休闲农业融合生产、生活、生态功能

休闲农业集生产、生活、生态功能于一体,为消费者提供生产体验、农产品购买、生活方式体验、生态环境共享等服务,其目的是通过休闲化打造,充分挖掘乡村的生态优势与文化优势,盘活农村闲置资源,以推动农业增效、农民增收、农村增绿。

三、休闲农业的开发模式

依托不同的资源基础与开发手段,休闲农业有多种开发模式。从实际现状看,艺术观光、休闲聚集、智慧科普、田园养生是休闲农业目前主流的四种开发模式。本书将针对目前休闲农业开发中的问题,围绕这四种开发模式的内容、产品类型开发要点等进行讨论。

(一)艺术观光型开发

艺术观光型休闲农业是指通过艺术手法的介入,使乡村原有的良田、粮食蔬菜、花卉苗木、乡村农舍、溪流河岸、园艺场地、绿化地带、产业化农业园区、特种养殖业基地等自然人文景观形成独特的艺术魅力,并以此为核心,融入文化、旅游、休闲元素,打造艺术节、文化村等活动与项目,为旅游者构建以艺术观光休闲为主要内容的产品。这类产品使得游客回归自然,感受大自然的原始美以及艺术与自然融合的震撼力,在山清水秀的自然风光和多姿多彩的艺术形态间放松自己,从而获得一种心灵上的愉悦感。

产品类型:艺术观光休闲产品强调艺术植入与艺术的生活化处理,其产品兼具自然艺术与生活艺术的美感。主要类型详见表 2-1。

表 2-1　艺术观光型休闲农业的重要产品类别及项目

类别	特点	具体项目
艺术田园观光	创意景观	花海(油菜花、向日葵、薰衣草、胡麻花、郁金香等)、稻田、梯田、花季果园、丰收田园、麦田怪圈、稻田画等
设施农业观光	科技农业景观	立体种植、容器种植、无土栽培、温室栽培、温室花卉、创意农业、基因工厂等
建筑艺术观光	建筑景观	特色民居(竹屋、土屋、窑洞、石头房子等)、生态建筑、仿生建筑等
人文艺术观光	文化记忆	艺术设计小品、博物馆/文化馆/艺术馆、农业遗址等

开发要点:艺术观光型休闲农业的开发以艺术与乡村风貌的改造融合为核心,主要有三个要点:(1)以艺术家为核心多方共同参与。艺术观光休闲产品的打造需要艺术家、原村民消费者的共同参与,该类产品的核心生命是艺术,需要艺术家倾注心力,对原有的田园、建筑等农业资源进行融合改造,并根据场景进行艺术创新,最终形成具有核心吸引力的艺术观光产品。而艺术观光产品产生的全过程都离不开原村民的参与,原村民提供闲置的乡村农业资源,参与休闲活动的经营,并在区域发展中受益。由艺术连接起来的消费者,具有较高的忠诚度,通过适当的引导,能够与原村民一起推动区域的艺术发展与产品更新。(2)依托区域资源,打造可持续更新的艺术观光休闲模式。艺术具有生命性,与个人生活、时代发展等密切相关,需要持续不断的改造、创新,这样才能为项目注入持续的生命力。因此,这一开发模式应尽量选择具有持续性的艺术活动来带动,以不断保持产品的时代感与创新性。(3)以更宽广的视角,打造产品的独特性与典型性。艺术是人类情感的表现,艺术与农业的融合远不是在农业环境中放几个艺术作品那么简单,它需要艺术与乡村风貌的完美融合,需要从人类共通情感中打造农业中的艺术世界,形成具有独特魅力、典型价值的艺术场景与体验。

(二)休闲聚集型开发

休闲聚集型农业开发是以农业为基础,以宁静、松散的自然氛围为依托,以农事体验、花卉观光、科普、运动等多种多样休闲体验活动为核心的一种开发模式。此模式核心在于通过“主题化”途径打造乡村休闲活动和乡村文化的极致化体验,进而通过休闲消费的聚集来提升运营和盈利能力。主题往往能构成项目吸引核,成为吸引人流的利器,并通过主题型特色体验和特色服务内容的提供,留住人群,刺激消费,推动产业升级。

打造重点:主题聚焦下的休闲农业开发主要有三个要点:(1)充分挖掘主题资源。基于乡村文化和农业特色,聚焦特色主题进行突破。通过景观设计和体验情景的融入,让游客感受到主题氛围,并参与其中,满足其体验诉求。(2)围绕主题形成产品支撑体系。主题资源及文化的挖掘和定位固然重要,但最终落地是要靠主题型核心产品和项目支撑。(3)基于主题形成品牌化发展。在主题体验产品和主题氛围的营造下,通过文创将主题导入“种植、加工、包装、营销”等环节,提升农产品附加值,并借助互联网和微平台,形成互动营销和品牌宣传,拓展游客和消费市场。

产品类型:休闲聚集型开发模式下,结合市场需求和主要功能综合考虑,休闲农业的产品一般分为特色农业类休闲、亲子类休闲、运动类休闲、文化类休闲、科普类休闲及其他特色休闲等类别。详见表2-2。

表2-2 聚集型休闲农业的重要产品类别及项目

类别	特点	具体项目
特色农业类休闲	特色农产品为吸引	花卉休闲游、林果采摘游(草莓、苹果等)、休闲牧业游、葡萄庄园、茶园、水草农场、水稻农庄、竹林生态乐园、休闲渔场等
亲子类休闲	儿童游乐+亲子活动	亲子乐园、萌宠乐园、番茄庄园、亲子DIY(自己动手)等

续表

类别	特点	具体项目
运动类休闲	运动拓展	花田/农间迷宫、赛场,农业主题马拉松、趣味运动会、田园风筝节等
文化类休闲	农俗+民俗风情	农耕文化馆、农耕文化主题农庄、民间技艺、民族村落(中华民族村)、乡土艺术主题民宿等
科普类休闲	自然教育+农业科技展示	农业科普教育、自然教育、科技农业园区、创意农业园等
其他特色休闲	婚礼主题、农业嘉年华、乡村音乐节、乡村市集等	

(三)智慧科普型开发

随着互联网、物联网等信息技术及智慧设备在农业中的广泛应用,智慧农业成为农业转型升级的新途径。智慧农业运用现代科技手段进行农业生产种植,包括智能温室农业、无土栽培、精准农业等现代农业生产和经营内容,具有规模化、产业化、精准化等特点。

智慧科普型休闲农业是基于农业科技内涵,以智慧农业为核心,集科技展示/示范、旅游观光、科普教育及休闲娱乐功能于一体的一种综合开发模式。智慧科普型休闲农业注重延伸科学教育功能,强调智慧科普的同时也强调娱乐参与性,通过体验化产品打造满足游客对科技的探秘和好奇,同时也成为智慧农业的重要宣传窗口。

产品类型:智慧科普型开发模式下,根据主要服务功能来看,一般分为科技观光、科普教育、农业科研、休闲游乐等产品类别。详见表2-3。

表 2-3　智慧科普型休闲农业的重要产品类别及项目

类别	特点	具体项目
科技观光	技术展示	智慧农业园、智能温室、设施园艺示范园、沙漠植物室、绿色农业种植园、农业创意馆、智能生态农场等
科普教育	技术普及	教育农场、自然学校、亲子科普活动、智慧农乐园等
农业科研	技术支撑	新型农业科研基地、垂直农业技术馆、健康科技农园、国际农业交流园、会议会展活动等
休闲游乐	趣味体验	AR主题乐园(现实主题乐园)、科技DIY(自己动手)、主题餐厅、主题农事节庆等

开发要点:科技农业资源、科普教育及休闲旅游功能的深度融合是智慧科普型休闲农业开发的关键。在具体实施过程中,应充分利用农业新科技及智慧化管理,并结合农业田园风光、农耕文化等资源,形成“科技＋农业＋教育＋旅游”的创新型产品谱系。

(1)打好“科技牌”,做好农业科技的展示和示范。智慧农业从育种到采摘全链生产过程都与传统农业不同,技术含量高,管理现代,同时有一定的观光展示和虚拟体验等功能,能形成休闲带动效果。

(2)做好科普活动及教育课程的设计。在已有资源和生产基础上,针对不同的科普对象(行业内技术人员、行业管理人员,还有青少年等)创新性地从科普内容、体验活动、服务内容等方面形成一套面向市场的科普体验产品体系。

(3)补充大众休闲游乐产品体系。在智慧科普的核心产品下,从农业附加价值的实现和项目综合收益角度考虑,要丰富全方位全周期的休闲、趣味、游客体验内容和服务设施,对接市场多层次的体验和游乐需求,实现从深度向广度的市场拓展。

(四)田园养生度假开发模式

近几年,随着人们旅游观念的转变,休闲度假逐渐成为种趋势,依托蓝色天空、清新空气的乡村田园养生度假受到都市人的追捧。度假型休闲农业以“农作、农事、农活”的体验为基本内容,重点在于享受乡村的生活方式,借以放松身心,达到休闲的目的。通常来说,主要由度假农庄提供田园养生度假服务,并同时提供乡间散步、爬山、滑雪、骑马、划船、漂流等观光、休闲、娱乐、康体、养老等多种配套产品,以丰富乡村度假内容,满足多样化度假需求。

产品类型:田园养生度假休闲农业的主要产品类型有农事体验、绿色生态美食、特色住宿、田园养生、运动休闲等。详见表2-4。

表2-4　田园养生度假型休闲农业的重要产品类别及项目

类别	特点	具体项目
农事体验	田园生活	开心农场(种植、采摘、垂钓)、田园牧歌、养老庄园等
特色农庄住宿	住宿载体	特色农家院和客栈、渔家村、酒庄、木屋、乡村帐篷等
绿色生态美食	食疗养生	农村集市、有机餐厅、新农村怀旧餐厅、温室生态餐厅、农家特色餐厅等
田园养生养老	养生保健	园艺疗法、中医理疗馆、养生会所、生态健身步道等

开发要点:田园养生度假休闲农业的开发主要有四个要点:(1)多主体共同开发。田园度假休闲涉及乡村住宿、特色餐饮养生养老产品等诸多方面,其开发需要村集体、农民、企业的配合,形成共担责任、共享利益的开发结构。(2)闲置资产的利用。在大规模乡村人口进城的背景下,乡村出现大量的闲置房屋、土地,这些闲置资源的充分利用,有利于缓解我国用地矛盾,保护耕地资源,增加农民收入,助益乡村振兴。(3)打造田园度假产品独特的“乡土味”。从某种意义上说,田园度假是一次对乡土文化与生活的体验,因此,田园度假产品应通过材质、建筑形态等营造淳朴的乡村氛围,从文化活动、餐饮配套等方面形成乡土的生活方式,让旅游者体会本真的乡土味。(4)高品质的乡村度假生活。“乡土味”不等于低端的产品服务,田园度假应在“乡

土”基础上，提供丰富的现代休闲配套和高端的度假服务。

需要说明的是，具体到某个休闲农业项目的开发可能涉及艺术观光、主题休闲、科技农业、田园养生等多个层面，在实际操作中，不同项目需要根据其自身的现实条件综合考量，选择最合适的开发模式。

第三节　加强乡村旅游发展

一、乡村旅游的概念

乡村，是相对城市而言的地域概念，城市以外的一切地域就可以称之为乡村，它是一个地理单元，不仅包括一个辽阔的空间，也包括分布在这一空间内的各个部门和所有综合实体。

乡村旅游起源于1885年的法国，19世纪80年代开始大规模发展。由于这一旅游形态的历史并不是很悠久，其在学术界出现的时间也不是很长，所以，国内外学术界对乡村旅游至今还没有完全统一的定义，旅游体验论者、文化审美论者、社会人类学者、经济实用论者均从不同学科的角度进行了多层面、多维度的论述，对于乡村旅游的定义各有侧重、表述不一，且带有颇多的主观感知性。例如，Jafar Jafari在其主编的《旅游百科全书》中将乡村旅游定义为：乡村旅游使用乡下地方作为资源，它与都市居民寻求宁静和户外游憩的空间相联系，而不是专门指与自然相联系而已。乡村旅游包括游览国家公园、乡村地区的遗产旅游、在风景区兜风并且享受乡间的风光，以及农庄旅游(或者叫休闲农业)。

国际上对乡村旅游的称谓也各不相同，有“农村旅游”“田园旅游”“休闲农业”“观光农业”“旅游农业”“旅游生态农业”等。

我国乡村旅游兴起于20世纪80年代。虽然经过了近40年的发展，但是对于乡村旅游的定义，国内学术界目前也没有取得统一的认识,乡村旅游的定义多达30多种。综合他们的观点,本书认为,乡村旅游以农民家庭为基本的接待和经营单位,以自然生态环境、现代农业文明、浓郁民俗风情、淳朴乡土文化为载体,以利用农村的环境资源、农民生活劳动为特色,以赢利为目的,集餐饮、住宿、游览、参与、体验、娱乐、购物等于一身,舒适惬意,陶冶性情,这是一种综合性休闲度假旅游活动方式,是一种由传统的观光旅游向休闲旅游过渡的新的旅游形态。

二、乡村旅游的功能

(一)游憩功能

乡村旅游为游客提供绿色休闲活动空间,开展观光、休闲、度假、旅游,享受乡野风光及大自然的乐趣,这正是其游憩功能之所在。

(二)经济功能

经济功能是乡村旅游的重要功能之一,它能够发展绿色农业,直接销售农产品,增加农村就业机会,提高农民收益。乡村旅游的经济功能主要体现在以下三个方面:

(1)乡村旅游可以调整和优化农业生产结构,扩大农业生产范围,提高农产品附加值,加快农业劳动力转移,使农村走上农业产业化、农村市场化的道路,从而提高乡村的知名度,为乡村的招商引资提供更好的条件,促进乡村走出闭塞、走向富裕。

(2)乡村旅游利用的是农业的生产经营活动、农业自然环境和人文资源,并对其进行规划设计,打造一个具有田园之乐的观光休闲旅游度假园区,这样不仅能够高效发挥农业生产功能,还可以发挥农业的生活功能和生态功能,增加农业效益和农民收入,促进农村经济繁荣。

(3)乡村旅游的发展,能为农民提供新的就业机会。农家乐经营、种植、养殖业、农副产品加工、运输业以及相应设施的装修建筑等都需要大量的劳动力，而且这些对从业人员并没有年龄的限制，尤其是为那些50岁左右的妇女提供了良好的就业平台，是解决农村剩余劳动力的捷径。

（三）社会功能

乡村旅游的社会功能表现为乡村旅游的发展可以使广大乡村地区成为区域关注的焦点，增进城市居民与农民的接触，拓展农民的人际关系，还有利于乡村引进社会保障、医疗保险等制度，为广大农民过渡为社区居民创造更多的社会福祉，缩小城乡差距。

（四）文化功能

文化的差异性是吸引游客的重磅利器。所以，发展乡村旅游，可以使乡村文化得以继续延续和传承，并且在竞争的过程中，有些乡村还可以创造出具有特殊风格的农村文化以吸引游客的到来。

（五）医疗功能

乡村旅游还具有医疗功能，这一功能是针对游客而言的。乡村旅游的游客为城镇居民，来到生活安逸、环境舒适的乡村，城镇居民的紧张情绪一下子就得到了缓解，他们在日常生活和工作中的压力也减轻了，达到舒畅身心的作用。

（六）教育功能

乡村旅游的教育功能主要表现在两个方面：

(1)城镇游客相对文明的语言、举止以及对卫生、环境的讲究，可以言传身教给农民，在接待游客的过程中，农民可以学到卫生、医疗、金融、法律等方面的知识，有利于他们告别传统陋习，不断提高自身素质。

（2）乡村旅游为城市居民认识农业、了解农业生产过程、体验农村生活提供机会，使城市居民获得农业知识。

三、我国现代乡村旅游的发展特点

（一）乡村旅游规模不断提升

目前，作为世界最大的国内游市场，我国城镇居民周末休闲及假期出游，70％以上选择周边乡村旅游点，全国主要城市周边乡村旅游接待人数年增长均高于20％，我国乡村旅游已发展成为我国旅游业的重要组成部分，乡村旅游规模实现快速扩张。

（二）以农业观光和休闲农业为主要开发模式

乡村旅游的开发模式以农业观光和休闲农业为主。国内游客参与率和回游率比较高的乡村旅游项目是以“住农家屋，吃农家饭，干农家活，享农家乐”为内容的民俗风情旅游和以收获各种农产品为主要内容的务农采摘旅游。

（三）管理服务体系基本建立

全国建立健全了国家各相关部门的乡村旅游协同推进工作机制，颁布了乡村旅游发展规划，做好顶层设计，以科学规划为主导，保证乡村旅游开发建设有序推进。2014年，国务院出台《关于促进旅游业改革发展的若干意见》（国发〔2014〕31号），各省区市深入贯彻落实国发31号文件，强化了旅游统筹协调机制。旅游综合改革深入推进，共有十个市县开展国家旅游综合改革试点，这些都为乡村旅游发展提供了政策保障。同时，我国不断健全乡村旅游标准化体系，建立和实施了乡村旅游住宿、餐饮、娱乐、购物等主要消费环节的服务规范和安全标准，强化了市场监管、宣传促销、人才培训和公共服务等工作。

(四)农业休闲功能大大拓展

乡村旅游对资源的要求不高,基本保持了原有的农业生态,所提供的产品服务丰富多彩,可以是自然的山水、民俗的建筑,也可以是艺术商品,还可以是民俗文化体验活动等。多年来,我国大力发展乡村旅游,紧密结合“互联网+”,有效拓展了农业功能,扩大了产业领域。乡村旅游业优化了农村产业结构,实现了传统农业、现代农业与旅游业的最佳结合,观光农业、特色农业进一步丰富了乡村旅游内涵。通过发展采摘、种植、养殖、水产等休闲园或休闲农庄,培育了农村特色产业,充分挖掘和拓展了农业休闲功能。

四、加强乡村旅游发展的措施

(一)定位乡村旅游开发主题

就当前而言,乡村旅游开发主题定位包括三个层次,即发展目标定位、功能定位和形象定位。其中,发展目标是根本性的决定因素,是实质性主体;功能定位则是由发展目标决定的内在功能;形象定位是发展目标的外在表现。

1. 发展目标定位

乡村旅游发展目标的制定,是为了监控乡村旅游开发的实际产出与总目标之间的差距,以衡量乡村旅游区规划和开发是否成功,并找出存在的问题进行反馈与修正。一般而言,乡村旅游的发展目标主要有经济发展目标、村民生活水平目标、社会安定目标、环境与文化遗产保护目标、基础设施发展目标等。而从乡村旅游业来说,乡村旅游规划和开发的主要目标则是追求商业利润与经济增长,促进环境保护;而地方政府方面的目标则偏向于增加就业、税收、外汇收入,关注人民生活水平提高及基础设施改善等。

2. 功能定位

通常来说,乡村旅游区会具有多方面的功能,至于如何确定某一个乡村旅游区的具体功能,需要对与该乡村旅游区相关的各方面因素进行综合考虑。概括而言,乡村旅游区规划和开发的功能可以划分为经济功能、社会功能和环境功能。

3. 形象定位

旅游形象是旅游者对旅游地各类要素的体验感知与情感评价的综合,是旅游地吸引物、旅游服务、自然环境、社会环境等的外部表征,也是旅游地的历史、现实与未来的一种理性再现。旅游地的旅游形象是吸引旅游者的关键因子,也是决定旅游地是否可持续发展的重要因素。因此,形象定位是当前进行乡村旅游开发主体定位最常用的一种方式。

(二)完善乡村旅游设施建设

乡村旅游乐在幽静的山水、迷人的田园风光、朴实的农家装饰、舒适的休闲娱乐和文明的接待氛围,乐在使旅游者感受自然、回归自然,获得一种心旷神怡的情境和景致。而要使旅游者真正感受到乡村旅游的乐趣,必须做好乡村旅游的设施建设。

1. 乡村旅游设施建设的基本原则

乡村旅游设施是为适应旅游者在乡村旅行游览中的需要而建设的各项物质设施的总称,是发展乡村旅游业不可缺少的物质基础。乡村旅游设施的建设并不是盲目的,需要遵循一定的原则,具体如下:

(1)乡村性原则

与传统大众旅游相比,乡村旅游的旅游者所追求的不是豪华舒适的旅游设施,而是彻底融入当地农民生活的特点,追求朴素、自然与协调,因此,乡村旅游设施建设的中心原则便是乡村性原则，即要最大限度地突出和保持原汁原味的农家风味。

(2)自然性原则

自然性原则指的是乡村旅游设施建设应师法自然，天人合一，体现人与自然的高度和谐。也就是说，乡村旅游设施的使用材料应取之自然，通常采用农民可自己生产或就地取材的自然材料，如木头、砖块、稻草、麦秸、芦苇等，即使被毁坏，还可以回收再利用。

(3)闲置性原则

闲置性原则指的是乡村旅游设施建设要尽可能减少不必要的人工设施，尽量利用闲置空间和设施。乡村处处有闲置空间，大树绿荫下、水塘旁、野花小径、荷花池畔、茶园里，只要用心创造，这些地方都有可能成为浪漫空间，而且近年来，随着农村劳动力的大量转移，农村中留下许多闲置空间，如仓库、房舍与田地等，此外，还有许多能满足旅游者需求的设施物，如对外联系的道路、路标与排水系统、餐厅、厕所、步道、铺面、休憩座椅、凉亭、平台栏杆及垃圾桶等。这些设施物如果新建，不但有人工化之嫌，而且花费大，但如果充分利用闲置空间并加以改善，可以减少对乡村环境的冲击，如将仓库改作为服务中心或利用田埂作为步道等。

2. 乡村旅游设施建设的内容

乡村旅游设施涉及的内容是十分广泛的，在这里注重阐述一下对乡村旅游影响较大的基础设施的建设。

(1)吃饭设施建设

乡村旅游的吃饭设施，主要是农家餐厅。在进行农家餐厅建设时，可从以下几个方面着手：

①农家餐厅的布局要合理

农家餐厅的厨房设计一般比较简单，往往厨房设备较多，而所需生产人员不多，最好按“U”形布局，将冰箱、冰柜和加热设备沿四周摆放，留一个或多个出口供人员、原材料进出。这样的布局,人在中间操作,取料操作方便,节省行走距离,设备靠墙摆放,可以充分利用墙壁和空间,显得更加经济和整洁。

②农家餐厅的硬件配置要合理

农家餐厅在硬件设施的配置上,可参照卫生部推行的食品卫生量化分级管理要求,结合农家餐饮服务的特点以及农家餐厅的规模大小,分间或分区设立粗加工区、切配区、烹调加工区和就餐区,规模较大者分间设立,规模较小者可分区设立。

③农家餐厅的厨房排烟设施要完善

农家餐厅的厨房最好采用自然风窗,应与夏季主导风向一致,要保证厨房油烟不四处扩散、不污染餐厅,仅靠自然通风是不够的,必须借助换气扇等通风排烟设施。

④农家餐厅厨房必须配备消防设施

农村消防意识一般比较薄弱,一旦发生厨房失火事件,往往很难控制。所以厨房需要配备灭火器、防火毯、黄沙等消防设施,一旦出现险情可以马上得到解决。

⑤农家餐厅厨房的墙面装饰要合理

农家餐厅厨房的墙壁应该平整光洁,无裂缝凹陷,经久耐用和易于清洁,以免藏污纳垢。由于厨房墙壁和天花板一样,处于湿度较大的环境,因此为了便于清洁和防止霉变,厨房墙面至天花板应铺满瓷砖。

(2)住宿设施建设

乡村旅游的住宿设施,主要是农家旅舍。农家旅舍是指利用农户自家住宅空闲房间,结合当地人文与自然景观、生态、环境资源及农林渔牧生产活动,以家庭副业方式经营,为旅游者提供乡野生活的住宿场所。其重在突出单纯朴实,简约而不失整洁的特点,并有着浓浓的人情味和独特的风格。因此,在进行农家旅舍建设时,可从以下几个方面着手:

①农家旅舍建设要突出其民居化

农家旅舍的建设应结合所处的地理环境,因地制宜,就地取材,或搭成一座茅庵草舍,或利用岩洞,或盖一座石板房,或搭建一窝帐篷，或建一幢小竹楼，或修一处吊脚楼，或造一座小木屋，或盖成小青瓦粉红土墙，或垒砌一座石头屋，或利用河道建在水上，或利用林木建在树上，凸显农家旅舍的民居化，定会卓尔不群。

②农家旅舍的装饰要体现出当地的民俗文化

在进行农家旅舍的装饰时，要注意与当地民俗文化紧密结合，突出乡村情趣。比如，农家旅舍的门上贴以对联、门画、门笺；堂屋贴以农民字画、年画，陈设香案；窗户、顶棚、箱柜贴以剪纸等。

③农家旅舍的设施要合理

农家旅舍由于商业性不强，多作为副业经营，且不构成家庭的主要收入来源，因此，基本设施不能以旅馆或一般旅社标准来要求，但旅游者所需的基本设施必不可少，而且在房间规格、房间内部陈设、床铺、公共活动场所以及周边设施等方面需明确设立与精心安排。其中，农家旅舍的房间通常以通铺、家庭式、套房式为主，且要体现出农家屋宽敞的特点；房间内部只要陈列简单的床具、一两把椅子、一个小茶几、一个小衣柜即可；床铺由于各地风俗各异，因而呈现出多样化的色彩，没有必要统一，但对于床铺的结实、平整、卫生、舒适四个方面却不能马虎；公共活动场所也是农家旅舍不可缺少的，其可与餐厅在一起；农家旅舍周边景观设计、有无停车场、停车场大小、导览或解说设施以及有无提供户外活动场地等，也都是需要考虑的内容。

(3)交通设施建设

在乡村旅游开发与经营中，便利的交通具有举足轻重的作用。对普通的旅游者来讲，不论乡村旅游区(点)的景观如何优美、资源如何丰富，若无法顺畅地进入景区从事游憩活动、获得体验，该景区对旅游者而言将毫无意义。交通便利与否将直接决定旅游者的旅游流向，即使是有车一族，因爱惜自己的车，也不愿去偏僻地段，从而选择交通状况良好的乡村旅游地。因此，便利的交通是乡村旅游成功经营的重要因素，也是乡村旅游设施建设中

不容忽视的一项内容。在进行交通设施建设时,要特别注意以下几个方面:

①要充分利用已有道路和田埂道

乡村旅游交通应充分利用现有道路和田埂道,在不破坏现有农田生态系统的前提下,精心设计线路。

②要进行合理的步道设计

步道在乡村旅游规划中不可或缺,它可以是引导游客穿越特定户外空间使用的林荫道、广场和绿地。设计一条好的步道首先是要考虑安全因素,即要有足够的宽度、适当的斜度和具有耐久性与防滑性的表面装饰材料,此外还需有良好的景观、供行人休息的座椅,步道周边的植物、铺面、水池、喷泉等景致也需精心考虑,以增强基地各要素间动线的美感经验。

③要确保行人能轻易地移动

在乡村旅游过程中,要确保行人能轻易地移动,必须做好行人空间大小的设计。行人空间的大小依使用的活动强度而定,如在行人动线系统中,步道或广场的宽度依据其容量、比例和其他设计因素之间的关系而定,人行道的宽度能供三人穿越或并肩而行,一般宽约1米,而行人聚集步道则为2米以上,大规模行人集散的步道广场或林荫步道的宽度,经容量分析后再决定其最小行人空间。为了在人群中便于轻易地移动而不致相碰,每人需1.2平方米的面积,若小于此数,则行人在移动时会受到阻碍,且部分行人在流动时,需小心移动。

④要设置合理的停车场

停车场的设置以邻近乡村活动地点为原则,并要做好停车场的绿化造景。此外,停车场的铺设宜采用透水性软底铺面材质,以增加土壤的含水量;在基础处理上应注意游览车车位的基础层厚度须大于小型车;供旺季期间使用的弹性停车空间,可为当地平坦的空间,不需再经由人工施筑处理。

停车场的设置还要与交通路线配合,考虑车辆进出的安全性,避免影响主要交通路线的流畅。

(4)乡村垃圾处理设施建设

乡村垃圾处理设施,主要是垃圾桶。在进行垃圾桶建设时,以下几方面要特别予以注意:第一,垃圾桶的位置要接近走道、马路,并且有服务车道,以便于收集。第二,垃圾桶须远离地下水源使用区,且以植物阻隔,以免破坏景观及水源卫生。第三,垃圾桶须加盖、分类、便于清理。第四,垃圾桶要在全区适当地点摆设,贮放时间一日为宜,以免垃圾发臭。第五,垃圾桶的设置要考虑风、雨及日晒,避免垃圾四处飞扬。第六,垃圾桶的造型应与主题及周围自然环境配合。

(三)开发乡村旅游产品

1. 乡村旅游产品开发的原则

在进行乡村旅游产品开发时,应该遵循下列原则:

(1)市场性原则

乡村旅游的发展应该以市场需求为导向,紧紧围绕主要目标市场的需求进行产品的要素设计。乡村旅游管理者应当加强市场调查,把握真实的市场需求,从而根据市场的需求设计出适销对路的产品。任何脱离市场需求的产品设计都潜伏着很大的危险性,得不到市场认可的乡村旅游产品最终会造成资源浪费和财产损失。

(2)独特性原则

在进行乡村旅游产品开发时,要尽可能避免雷同,走特色化、精品化路线。具体来说,乡村旅游产品的开发应以政府为主导,在深入调查区域乡村旅游资源的基础上,单独制定区域乡村旅游发展规划,深层次挖掘各地现有乡村资源的文化内涵,走差异化发展线路,成立乡村旅游联盟,使得各个地区都在打造自己独特的卖点,形成一村一品的良好格局,并且这些产品可以串成一条经典线路,给旅游者多样化乡村文化的体验。这样一来,乡村旅游开发的产品就具有多样化的特点,能够形成一村一景、一乡

(镇)一特色、覆盖整个地区的大乡村旅游网络,对于推动乡村旅游的健康可持续发展是极为有利的。

(3)可持续发展原则

乡村旅游产品的开发不能以牺牲当地资源为代价,必须紧扣可持续发展这一主题,重视旅游资源的开发与生态环境的协调发展,防止出现掠取性开发。重视乡村旅游资源的可持续发展,还要把握好资源类型,对当地的旅游资源进行正确的评估,在此基础上设计的产品才能比较符合当地的实际情况,体现当地的资源价值和核心竞争力。

(4)质量性原则

乡村旅游产品的一个重要因素便是质量,如果缺乏有效的质量控制机制,可能对乡村旅游产品带来毁灭性的打击。因此,在进行乡村旅游产品开发时,必须从一开始就讲究产品质量控制,以保证乡村旅游的健康发展。

(5)参与性原则

旅游消费的本质是购买一种“经历”“回忆”“印象”或“体验”,参与型旅游产品是让旅游者实现这一购买目的的最佳载体,开发乡村旅游产品时应注重设计多种类型和风格的参与活动,增加主动参与的趣味性、层次性、丰富性和多样性,如加工、品尝、健身、习艺、购物、民俗娱乐等都大有文章可作。

2. 乡村旅游产品开发的注意事项

在进行乡村旅游产品开发时,要特别注意以下几个事项:

第一,进行乡村旅游产品开发前,必须要认真分析目标市场的需求状况。第二,进行乡村旅游产品开发时,必须充分考虑当地乡村旅游经营者的能力,量力而行。第三,进行乡村旅游产品开发时,必须充分考虑其所能带来的综合性效益。第四,开发的乡村旅游产品必须具有新、特、奇的特点,并且能够满足乡村旅旅游者的需求和愿望。

(四)拓展乡村旅游发展模式

1. 依托景区开发模式

依托景区开发模式，主要是在地势较为平坦、道路较为通达的风景区周边发展乡村旅游。此外，依托景区开发模式的乡村一般毗邻著名的风景名胜区、森林公园、地质公园等，借助这些原有名胜的吸引力优势，开发多种多样的乡村旅游，如民居食宿、乡村休闲等。比如，浙江省临安市白沙村(太湖源景区)，福建省秦宁县水际村(大金湖、世界地质公园)，珠峰脚下的旅游之乡——扎西宗乡，云南省昆明市西山区的团结乡(西山国家森林公园)等。这些地方的乡村旅游开发，属于经济管理的“搭顺风车”，在旅游学中属“借势”现象，因此，在整个环境营造、旅游项目设计等，都应该融合到大景区的氛围当中。旅游者在欣赏风景名胜区内自然风景之余，派生欣赏乡村景观。

2. 依托客源地开发模式

依托客源地开发模式就是借助紧邻城市的区位优势开发的城市居民休闲旅游，其资源优势主要是优越的自然环境，其产品功能是兼有观光和休闲，旅游线路也通常是短途线，周末一日或二日游。这类模式以成都“农家乐”，北京“民俗村”为代表。

在开发乡村旅游时，利用依托客源地开发模式要特别注意以下几个方面：

第一，建设模式应是景观化打造，城市化建设，即按照城市建设标准完善农村基础设施，适度进行景观打造，保持良好的生态环境。第二，发展模式应该是专注休闲文化经济，注重培植产业支撑，即在发展乡村旅游的过程中要积极促进传统农业向休闲文化经济发展，培植生态产业，实现可持续发展。第三，生活模式应该是离土不离乡，就地市民化，即发展乡村旅游时要做到不征地、不拆迁,实现了农民离土不离乡,务工不进城,就地市民化,保证了农民失地不失利、不失业、不失权。此外,还要积极构建起农村医疗保障体系、农村产业体系和农民就业体系等,切实推动农村整体发展水平不断提升。

3. 民俗风情开发模式

俗话说"一方水土养一方人",中国地大物博,56个民族56种风俗,富饶的国土形成灿烂的风情习俗,悠久的历史形成多彩的民间文化,这些都是乡村旅游的无价之宝,也就形成了我国乡村旅游的一个重要发展模式——民俗风情开发模式。

民俗风情开发模式要是立足本土文化资源,为旅游者提供地方历史文化特色和原汁原味的乡情习俗等,它的资源就是那些农村的风土人情、民俗文化,包括岁时、节日、婚姻、生育、寿诞、民间医药、丧葬、交际、礼仪、服饰、饮食、居住、器用、交通、生产、职业、民间工艺、宗教、社会、娱乐、信仰、祭祀、巫卜、禁忌等。此外,该模式承载了古村落、新文化村落、新经济村落等不同阶段农村整体人文生态系统的物化与意化的认知和体验功能。西藏拉萨娘热民俗风情园、山东日照任家台民俗村、湖南怀化荆坪古文化村、新疆鸣笛坎儿井民俗园以及云南贵州各种各样、形形色色的少数民族生态村和生态博物馆等,都是采用民俗风情开发模式形成的乡村旅游景区。

4. 古镇村落开发模式

古镇村落开发模式就是利用村落自身的建筑文化,聚落景观开发乡村旅游。安徽省配递宏村,江西婺源,福建客家土楼围屋,浙江兰溪诸葛村、南浔古镇和乌镇,湖南凤凰古城,山西王家大院和乔家大院等都是采用古镇村落开发模式而形成的乡村旅游景点。

依托皇城相府这一古老名镇应运而生的皇城村乡村旅游,是古镇村落开发模式的一个经典之作。在山西晋城市阳城县境内,近年崛起一些在国内外引起很大反响的以古镇村落建筑群为主的乡村旅游景区，它以城堡式的明、清两代古镇村落建筑群引起国内外游人的关注，这就是《康熙王朝》电视剧中多次出现的人物、清代大学士、康熙皇帝的老师陈廷敬的故居——皇城相府。近年来，皇城相府旅游发展的速度很快。它作为旅游名牌产品，频频在大众传媒上亮相，让人们感觉到它的前进速度。在当地旅游业没有开发时，皇城相府现在的房屋建设就是皇城村的一部分。旅游开发以后，当地村民陆续撤出了相府，住进了新建的小楼里。而相府即清代宰相陈廷敬家族的故居随即进行了大规模的修缮与陈列。由于皇城相府是一处城堡式的两座相连的大院落，修建过程中，对于这一古代文物、建筑物的文化内涵进行了新的挖掘与整理，然后才展示给旅游者。正因为如此，皇城村与皇城相府进行了剥离，分成两个截然不同的区域，体验着两种不同的状态和功能。皇城村与皇城相府相依傍、相互影响、相互促进、相互拉动，给了我们更多的哲学启示，人们在品味文化的同时，更多的是品尝到了精神的富有和观念的超越。

(五)提升乡村旅游管理

1. 规范乡村旅游管理机制

(1)建立乡村旅游区的基础数据管理。对于乡村旅游区的基础数据有较为清晰的了解，才能做到心中有数，才能更好地实施管理。因此，乡村旅游管理要注重搜集一定的乡村旅游区的基础数据，如气候、地形、水文、植被、土壤物理特征、生态系统类型的空间分布、各种污染的空间分布等。

(2)加强乡村旅游环境变化的指标管理。随着时间的变化，乡村旅游环境在结构和功能方面也会发生一定的变化。这种变化可细分为景观变化和环境质量变化。前者一般以水文特性的变化、植被覆盖率、生物多样性、景观破碎度，以及由此引起的旅游景观价值、生态服务功能等的变化为指标；后者则一般以环境评价因子(对水体、大气土壤、噪声等污染指标的评价)为指标。为了合理控制乡村旅游区的环境变化,避免环境的恶化,应当尽量明确上述指标。

(3)在乡村旅游管理中运用新兴的科学技术。在当今时代下,遥感、地理信息系统、全球定位系统及信息网络等科学技术已在人们的生活中越来越广泛地渗透。如果将它们很好地应用于乡村旅游管理中,必将大大改善现有的乡村旅游管理手段,促进乡村旅游的发展。

(4)加强合作管理。乡村旅游管理涉及的主体非常多,因而其也就更强调合作。在乡村旅游管理过程中,不仅需要乡村旅游者、乡村旅游经营者、当地社区居民加强合作,还需要生态学家、社会经济学家和政府人员在充分发挥自身作用的基础上达成有效的合作,以便共同促进乡村旅游的可持续发展。

(5)加强对乡村旅游市场的管理,建立有关方面参加的乡村旅游联合执法和乡村旅游服务质量监管协调机制。全面查处乡村旅游企业无证、无照和超范围经营的违法行为,定期和不定期地检查乡村旅游服务质量的改善与提高状况,协商解决改善旅游活动中的问题,维护良好的乡村旅游市场秩序。

(6)加强乡村旅游执法队伍建设,对乡村旅游执法监督人员的培训加大力度,以提高其执法的能力和监管水平。

2. 改进乡村旅游管理方法

从我国的乡村旅游管理情况来看,目前,除上海、天津等少数地区已经对全市范围内的“农家乐”进行规范,绝大多数地方还没有形成对乡村旅游的确切管理方法,从而导致我国的乡村旅游存在管理混乱的方法,在这种情况下,要提升乡村旅游管理的水平,就需要不断改进乡村旅游管理的方法,具体可从以下几方面入手:

(1)加强行政管理

行政管理主要是指依靠行政机构和领导者的权力,通过强制性的行政命令直接对管理对象发生影响力的方法。政府旅游管理部门颁布的针对乡村旅游的条例和规章制度等就属于这类方法。它的实施一般都是自上而下进行的。在使用行政方法的过程中要特别注意以下几点：

第一，要坚持民主集中制原则。在条例、法规制度制定之前，一定要听取广大乡村旅游参与者的意见，充分发挥民主的精神，使他们能够广泛参与进来。在执行的过程中，要严格按照乡村旅游管理的规章制度实施。值得注意的是，在坚持民主集中制时要注意减少传达环节，并一抓到底，下级要服从上级。

第二，层次原则。应该对不同的层级进行管理，只有分层管理，才能做到管理的高效率，如部门经理、主管都能发挥职能作用，各自管好本层次内的事。

第三，权责一致原则。每个层次的管理人员都应该在被授权之前明确自己的权责，要做到明确自己的岗位职责，杜绝一切推诿、扯皮、不负责任的现象。

(2)运用经济手段进行管理

乡村旅游本身也属于一种经济行为，因此，运用经济手段来管理乡村旅游也是科学合理的。例如，乡村旅游企业可以通过工资、奖金、分红、价格等经济手段，使员工体会到自己的价值，感受到自己是被需要的，进而调动他们的积极性。又如，乡村旅游管理部门可以通过调节乡村旅游企业向旅游者收取的服务价格等来规范乡村旅游企业的经营活动。相对于行政管理而言，经济手段是以各方的利益作为基础的，易于采用，容易执行，如果应用合理，能起到调节利益、促进乡村管理的作用，其效果也是最为明显的。但在采用经济方法的过程中要注意一个问题，那就是要公平公正，一旦出现不公现象，很容易引起被管理人员的抵触情绪。

(3)建立健全乡村旅游政策法规

乡村旅游的政策法规可以为乡村旅游开发商、旅游者、乡村旅游管理部门依法管理提供依据。因此，要完善乡村旅游的管理方法,一个重要的内容就是要建立健全乡村旅游政策法规。

从目前的情况来看,《国务院关于促进旅游业改革发展的若干意见》《中共中央国务院关于加大改革创新力度加快农业现代化建设的若干意见》《关于进一步促进旅游投资和消费的若干意见》《国土资源部、住房和城乡建设部、国家旅游局关于支持旅游业发展用地政策的意见》《中共中央国务院关于落实发展新理念加快农业现代化实现全面小康目标的若干意见》《关于金融助推脱贫攻坚的实施意见》《关于印发乡村旅游扶贫工程行动方案的通知》《国务院关于印发"十三五"旅游业发展规划的通知》《中共中央国务院关于深入推进农业供给侧结构性改革加快培育农业农村发展新动能的若干意见》《关于印发促进乡村旅游发展提质升级行动方案(2017年)的通知》《国家旅游局办公室关于实施旅游万企万村帮扶专项行动的通知》《乡村旅游扶贫工程行动方案》《农业部部署全国休闲农业和乡村旅游示范县创建工作》《国家发展改革委、国家旅游局关于实施旅游休闲重大工程的通知》等都可以为乡村旅游的开展和管理提供政策法规支持。但是,这些政策大多是从旅游产业发展的总体情况来规范旅游产业的发展的,专门的规范乡村旅游活动的政策较少。针对于此,我国应加强对乡村旅游管理的法规政策建设,制定一系列专门针对乡村旅游管理的政策法规,以便为乡村旅游活动的有序开展提供法律依据。具体要做到以下几点:

第一,要通过制定和颁布实施专门的乡村旅游法律法规,对乡村旅游行业的开展有统一的规定和要求,以促进乡村旅游业的旅游服务质量和水平的提高。

第二,要进一步健全和完善农家乐、农家餐馆、农家采摘活动、农村生活体验等各种乡村旅游活动方面的法律法规体系,为加强旅游环节管理提供法律依据。

第三,要根据我国乡村旅游发展需要和旅游从业人员快速增加的实际,尽快制定乡村旅游从业人员管理条例等一批法律法规,切实加强对乡村旅游从业人员的管理。

(4)加强乡村旅游的宣传教育

政策法规施用于乡村旅游活动的开展过程中难免带有一定的强制性，在这种情况下，我们还应加强对乡村旅游活动的宣传教育工作，通过说服的方式来引导人们的行为动机，提高游客的精神文明程度，帮助游客以及乡村旅游企业树立正确的价值观念。要想使宣传教育起到作用，需要注意从以下两个方面着手：

第一，要注意教育方式的艺术性和科学性。对于游客或乡村旅游企业的错误行为不要一味地批评，在教育的时候要注意时间、地点、场合，教育的过程要宽严相济，应该给予他们更多的鼓励。注意教育方式在选择的时候要做到因人而异。

第二，讲究参与性。参与性主要是针对乡村旅游企业自身而言的，在企业的管理中要强调员工的参与和自治，尽量通过他们自身素质的提高来达到自己监督自己或他人的效果，并形成相互帮助、共同提高的局面。

3. 提高乡村旅游服务的质量

从乡村旅游企业内部经营来说，目前，相当数量的民营资本进入乡村旅游，他们大多是从别的领域赚了钱投资到乡村旅游中，从来没有接触过旅游业，缺乏专业知识和经验，导致乡村旅游的服务质量参差不齐，在这种情况下，就需要不断提高乡村旅游的服务质量。

旅游服务是一种综合性服务，其以人为主要的服务主体和服务对象，因此，旅游服务质量是关系整个旅游服务发展的核心与关键。所谓乡村旅游服务质量，是指乡村旅游服务所能达到的规定效果和满足旅游者需求的能力与程度。而要提高乡村的旅游服务质量，不仅涉及直接提供服务的旅游服务人员，而且也涉及旅游企业和旅游目的地的政府部门和相关单位，涉及旅游目的地国家或地区的政策、法规等，为此，必须从综合全面的角度来提供旅游服务质量。

(1)树立提高乡村旅游服务质量的意识和观念

服务质量意识和观念,是指旅游服务人员的主观意识和价值观,旅游服务工作人员只有真正建立“以游客为本”“游客至上”的意识和观念,端正旅游服务态度,才能全心全意地为旅游者提供优质的旅游服务。

提高乡村旅游服务质量的意识和观念,除了要有正确的服务观念和良好的服务态度外,还要求乡村旅游企业必须树立“质量第一”的观念,始终把提高旅游服务质量作为经营管理的重要内容,以优质的旅游服务满足旅游者的旅游需求,以优质的旅游服务为旅游企业和旅游目的地带来良好的经济效益与社会效益。

(2)推进乡村旅游服务质量的标准化进程

为了提高我国乡村旅游行业的服务质量和水平,切实保护广大旅游者的效益,树立中国乡村旅游在国际上的良好形象,我国在加强乡村旅游法律法规体系建设的同时,还要推进乡村旅游服务质量标准化工作。目前,我国已出台了《旅游饭店的星级划分和评定》《工农业旅游示范点评定标准》等国家标准和行业标准,促进了乡村旅游行业服务质量的标准化管理。但是,全国并未形成专门针对乡村旅游服务的标准化法规,目前仅有一些试行的地方性规范制度,如《河北省乡村旅游服务规范(试行)》《浙江省乡村旅游点服务质量等级划分与评定》《贵州省乡村旅游客栈服务质量等级划分与评定》等,但相对于乡村旅游的快速发展而言,这些标准化规范显然是不够的。为此,我国应尽快制定和完善包括食、住、行、游、购、娱在内的乡村旅游服务质量标准,使之形成完善的旅游服务质量标准体系。同时,应积极引入国际《ISO9001标准系列》等质量认证的国际标准,以促进我国乡村旅游服务质量与国际接轨,不断提高乡村旅游服务的质量和在国际旅游市场上的竞争力。

第一,进一步完善乡村旅游质量监督管理体制,充分发挥其在管理、监督和提高旅游服务质量方面的积极作用。同时,要引导乡村旅游企业建立旅游服务质量管理制度,规范乡村旅游服务质量检查制度和奖惩制度，不断提高乡村旅游企业员工的责任心，努力提高乡村旅游服务的质量和水平。

第二，进一步完善乡村旅游服务质量监管机制，通过完善乡村旅游企业质量保证金制度，建立乡村旅游交通安全的保险和理赔制度，切实维护旅游者的合法权益，促进农家乐、农家餐馆及相关行业提高服务质量，营造规范、有序的乡村旅游服务体系。

第三章　生态宜居:建设美丽乡村

随着我国农村建设的不断推进,农村经济不断增长,农村居民收入也不断提高,但经济增长只是乡村振兴战略的一个方面,打造生态宜居的乡村环境也是乡村振兴战略的一个重要内容。基于我国农村发展实际,习近平总书记指出,要结合实施农村人居环境整治三年行动计划和乡村振兴战略,进一步推广浙江好的经验做法,建设好生态宜居的美丽乡村。

第一节　生态文明建设目标

一、生态文明建设的意义

过去,我国以自然环境为代价换取经济增长,这一方面有效推动了经济社会发展,但另一方面也对自然环境造成了严重破坏。为了转变不可持续的发展方式,我国提出了生态文明建设这一新课题。加强生态文明建设,树立尊重自然、顺应自然、保护自然的生态文明理念,实现绿色、低碳、循环发展,对于全面贯彻落实科学发展观,从根本上解决经济社会发展与生态环境之间的矛盾,加快建设美丽中国,实现民族复兴"中国梦",具有重大而深远的意义。

从本质上而言,坚持科学发展观与建设生态文明具有显著的一致性。贯彻科学发展观和建设生态文明有一个共同的出发点,即尊重和维护生态环境，强调构建和谐的发展关系，也就是实现人与人、人与社会、人与自然的和谐统一发展，因为只有这样才能实现可持续发展的目标。这就要求我们，不论是坚持贯彻科学发展观，还是推进生态文明建设，都必须遵循生产发展、生活富裕、生态良好的基本原则，将人的全面自由发展作为建设和发展的最终目标。从各国的历史实践中可以看出，生态文明是社会发展的基础，是社会生产力得到长足发展的关键，是实现人的全面发展的基本前提。基于此，我国在社会转型的关键时期，必须大力推进生态文明建设，要建设资源节约型、环境保护型社会，构建人与人、人与社会、人与自然之间的和谐关系，只有这样才能真正实现社会的可持续发展，才能造福全人类。

科学发展观倡导协调可持续的发展方式，在推进经济社会发展的过程中，应该遵循以人为本、全面协调可持续、统筹兼顾等理念，围绕科学先进的发展理念，推进社会经济发展与自然生态保护的协调发展，强调在社会经济的发展中努力实现人与自然之间的和谐。贯彻落实科学发展观，就必须将维护生态安全、保护自然环境作为基本要素，将实现可持续发展作为一项重要目标，具体来说，其强调的本质是人类社会与自然环境的和谐共处，实现真正意义上的人与自然、社会的共同发展。坚持和贯彻科学发展观，就是将“以人为本”作为准则，建设和维护生态文明，为人们提供良好的生存环境，并对其进行持续不断的优化。

我们党始终重视人民的主体性，强调“以人为本”“执政为民”，这就决定了我们党必须根据社会发展阶段和人民实际需求，不断调整各种社会发展政策和战略部署。习近平总书记强调，“人民对美好生活的向往，就是我们的奋斗目标”。随着社会不断发展和进步，人们对良好的生态环境提出了新要求，为了响应人民群众，我们党进一步提升了生态文明建设的地位，将其纳入中国特色社会主义事业总布局，并对其建设内容作出明确指示。2018 年 5 月 18 日，习近平总书记在全国生态环境保护大会上指出，“不能一边宣布全面建成小康社会，一边生态环境质量仍然很差，这样人民不会认可,也经不起历史检验。不管有多么艰难,都不可犹豫、不能退缩,要以壮士断腕的决心、背水一战的勇气、攻城拔寨的拼劲,坚决打好污染防治攻坚战。"可以看到,坚持生态文明建设是全面建成小康社会的重要内容和关键环节,是让人民群众过上幸福生活并满足子孙后代发展需要的重要基础,是我国当前重要的建设目标。

习近平总书记提出了"中国梦"这一概念,从以上分析可以看出,生态文明建设实际上是实现中国梦的重要基础,推动生态文明建设会促进经济、社会、民族等各个方面的发展,会为人们带来更美好的生活。生态文明建设是实现"中国梦"的重要条件,同时也是其重要内容。习近平总书记强调:"走向生态文明新时代,建设美丽中国,是实现中华民族伟大复兴的中国梦的重要内容。"党的十八大将生态文明建设纳入中国特色社会主义事业总体布局,作为中国特色社会主义事业的重要组成部分,使生态文明建设的战略地位更加明确,有利于全面推进中国特色社会主义,更快地实现"中国梦"。未来的中国,应该既是经济发达、政治民主、文化先进、社会和谐的社会,也是生态环境良好的社会。

二、生态文明建设的目标

生态文明建设直接关系社会成员的生活,与人民福祉、民族未来有不可分割的必然联系。我们党充分认识到生态文明建设的重要性,基于我国实际发展情况和人民需要,作出了科学的战略部署,并明确指出必须将生态文明建设放在各项建设工作中的突出地位。融入经济建设、政治建设、文化建设、社会建设各方面和全过程,努力建设美丽中国。要求紧紧围绕建设美丽中国深化生态文明体制改革,加快建立生态文明制度,健全国土空间开发、资源节约利用、生态环境保护的体制机制,推动形成人与自然和谐发展的现代化建设新格局。国家生态文明先行示范区提出的总体目标要求:把生态文明建设放在突出的战略地位,按照"五位一体"总布局要求,推动生态文明建设与经济、政治、文化、社会建设紧密结合、高度融合，以推动绿色、循环、低碳发展为基本途径，以体制机制创新激发内生动力，以培育弘扬生态文化提供有力支撑，结合自身定位推进新型工业化、新型城镇化和农业现代化，调整优化空间布局，全面促进资源节约，加大自然生态系统和环境保护力度，加快建立系统完整的生态文明制度体系，形成节约资源和保护环境的空间格局、产业结构、生产方式、生活方式，提高发展的质量和效益，促进生态文明建设水平明显提升。通过5年左右的努力，先行示范地区基本形成符合主体功能定位的开发格局，资源循环利用体系初步建立，节能减排和碳强度指标下降幅度超过上级政府下达的约束性指标，资源产出率、单位建设用地生产总值、万元工业增加值用水量、农业灌溉水有效利用系数、城镇（乡）生活污水处理率、生活垃圾无害化处理率等处于全国或本省（市）前列，城镇供水水源地全面达标，森林、草原、湖泊、湿地等面积逐步增加、质量逐步提高，水土流失和沙化、荒漠化、石漠化土地面积明显减少，耕地质量稳步提高，物种得到有效保护，覆盖全社会的生态文化体系基本建立，绿色生活方式普遍推行。最严格的耕地保护制度、水资源管理制度、环境保护制度得到有效落实，生态文明制度建设取得重大突破，形成可复制、可推广的生态文明建设典型模式。

第二节　农村当前的环境问题

一、农村生活污染问题

随着农村经济发展水平不断提升，农村居民的生活质量显著提升，但同时这也带来了新的问题，其中一个显著问题就是农村生活污染治理问题，这包括农村生活垃圾和生活污水两个方面。

首先是农村生活垃圾处理问题。据相关统计显示，农村居民平均每人每天产生生活垃圾0.8千克，中国每年产生农村生活垃圾超过1.7亿吨。虽然一些乡镇初步形成了“户集、村收、镇运、县处理”的垃圾收运处理体系,但仍有不少村庄存在“垃圾围村”的情况,大量生产和生活垃圾存放于村头、公路边、田边以及沟渠里,影响了村容村貌和乡村整体环境。

其次是农村生活污水处理问题。据统计数据显示,2018 年,我国农村污水排放量大约为 230 亿吨,同比增长 7.5%(图 3-1)。现实农村居民生活用水未经净化处理而无序排放,造成了农村河道水体变黑变臭、鱼虾绝迹、蚊蝇滋生。河道污水中的病菌虫卵引起的传染疾病,已经成为农村环境的重要污染源。资料显示,2017 年,中国对生活污水进行处理的行政村比例为 25%左右,农村污水治理率约为 17.19%。[①] 可以看出,农村生活污水处理是一个亟须解决的问题,我们必须进一步加强农村污水处理能力和水平。

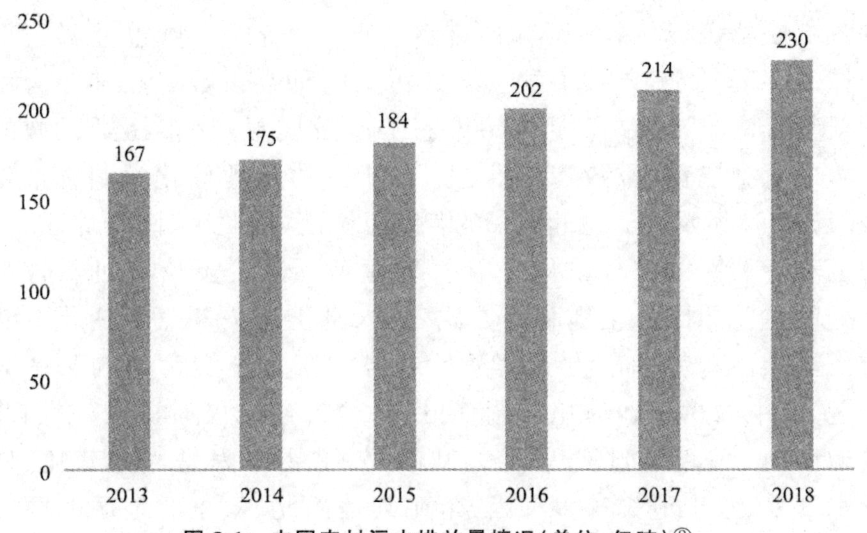

图 3-1　中国农村污水排放量情况(单位:亿吨)[②]

当前,我国存在农村环境保护基础设施建设的滞后、管护机制的不健全的问题,这也是当前农村生活垃圾和生活污水处理率

① 2018 年农村污水处理行业市场规模与发展前景分析+渗透率提升成为行业发展的主要逻辑[EB/OL]. https://www.qianzhan.com/analyst/detail/220/190510-72a9a685.html.

② 同上.

偏低的重要原因，亟须进一步加大农村基础设施的投入力度，依托科技提高农村生活污染的处理水平，为绿水青山的实现添砖加瓦。

二、土壤污染问题

当前，我国农村面临十分严重的土壤污染问题，这主要表现为土壤重金属超标、土壤有机质含量下降以及酸碱性趋势加剧。国土资源部中国地质调查局公布的《中国耕地地球化学调查报告(2015 年)》资料显示，在调查的 9 240 公顷耕地中，重金属轻度污染面积达到 526.6 万公顷，中重度污染面积为 232.5 万公顷，共占调查耕地面积的 8.22%，耕地土壤重金属污染状况不容乐观。污染或超标耕地集中连片分布在中国南方地区，主要分布在南方的湘鄂皖赣区、闽粤琼区和西南区。此外，造成土壤重金属污染的原因十分复杂，导致土壤重金属污染的种类以镉、镍、砷等有毒元素复合污染为特征，复合污染态势十分明显，许多污染区域的土壤中重金属污染源在 1 个以上。《中国耕地地球化学调查报告(2015 年)》显示，与 20 世纪 80 年代初相比，东北区、闽粤琼区、西北区和青藏区的部分耕地区有机碳显著下降。土壤有机质含量下降的主要原因是土地利用方式变化、水土流失和气候变化。北方土壤碱性趋势和南方土壤酸性趋势加剧是土壤污染的又一大问题。《中国耕地地球化学调查报告(2015 年)》同时显示，中国北方碱性地区土壤 pH 值呈现上升趋势，主要原因是气候变化、地下水开采、水土流失等多种因素，尤其是西北区、东北地区的西部和京津冀鲁等地区土壤碱化趋势增幅明显。南方地区由于酸雨沉降、化肥施用等因素，土壤 pH 值呈现下降趋势。尤其是重金属污染严重的湘江流域、珠江三角洲等粮食高产区，酸化程度较为严重。

三、农业面源污染问题

面源污染又称非点源污染，主要由土壤泥沙颗粒、氮磷等营养物质、农药、各种大气颗粒物等组成,通过地表径流、土壤侵蚀、农田排水等方式进入水、土壤或大气环境。因为在农业生产过程中会使用大量化肥、农药等,导致我国农业面临比较严重的面源污染问题,此外,畜禽养殖粪便排放也加剧了这一问题。具体来说,当前化肥使用现状不合理,主要包括以下四个方面:一是化肥亩均施用量偏高。2015 年,中国农作物每公顷化肥折纯量为 361.99 公斤,远高于每公顷 120 公斤的世界平均水平。二是施肥不均衡现象突出。东部经济发达地区、长江下游地区和城市郊区施肥量偏高,蔬菜、果树等附加值较高的经济园艺作物过量施肥比较普遍。三是有机肥资源利用率低。目前,中国有机肥资源很多,最主要的是畜禽粪尿与作物秸秆,同时还有绿肥、饼粕、草木灰、污泥、生活垃圾与污水、熏土、海肥、农产品加工下脚料等,总养分约 7 000 万吨,但并没有得到充分利用。[①] 四是施肥结构不平衡。化肥与有机肥的施用比例仍存在着较大差异,农业生产中普遍存在着重化肥、轻有机肥,重大量元素肥料、轻中微量元素肥料,重氮肥、轻磷钾肥的问题。此外,农药的过量使用不仅造成生产成本增加,影响农产品质量安全和生态环境安全,也是造成农业面源污染的重要原因。这一方面表现在农药使用强度大幅上升,由 1991 年的每公顷农药使用量 5.12 千克,上升到 2015 年的每公顷农药使用量 10.72 千克[②];另一方面表现在农药使用结构不合理,杀虫剂、杀菌剂、除草剂三大农药使用结构比例与国际平均水平相比,中国杀虫剂的使用量偏高,农药使用结构比例亟待改进。

四、农村厕所粪污问题

在传统农村,厕所一般都十分简陋,卫生环境堪忧。根据国家旅游局发布的《厕所革命推进报告》,农村地区传染病高发的

---

① 有机肥的发展趋势势不可挡[EB/OL]. https://www.jianshu.com/p/c4413158d6f1.

② 孔祥智等. 乡村振兴的九个维度[M]. 广州:广东人民出版社,2018:84.

一个重要原因就是农村厕所粪便污染严重。具体来说，痢疾、霍乱、肝炎、感染性腹泻等传染病都与农村厕所粪便有关。实现农村厕所改造，推行农村厕所革命迫在眉睫。早在2014年12月，习近平总书记在江苏镇江市调研时指出，厕所改造是改善农村卫生条件、提高群众生活质量的一项重要工作，在新农村建设中具有标志性意义。2015年7月16日，习近平总书记在吉林延边调研时指出，"厕所革命"要推广到广大农村地区，农村也要来场"厕所革命"。正是由于党中央高度关切，并坚持不懈推进"厕所革命"，2016年，中国累计使用卫生厕所已经达到21 460万户，还有5 264.78万户没有实现卫生厕所改造，卫生厕所普及率达到80.3%，与发达国家比仍有一定的差距。① 我国农村厕所改造是一项大工程，这需要数额巨大的资金支持，因此，政府必须给予一定财政扶持，单靠农村自身进行改造十分困难。

第三节　国外生态乡村建设实践经验

一、日本的生态乡村建设实践

20世纪50年代，日本开始推行"造村运动"，从此逐步展开相应建设和改革活动。"造村运动"的出发点是以振兴产业为手段促进地方经济发展，使逐步衰败的农村振兴起来。随着"造村运动"的发展，其内容扩及整个生活层面，包括景观与环境的改善、历史建筑的保存、基础设施的建设、健康和福利事业的发展等，运动的地域也由农村扩大到城市，成了全民运动。

① 孔祥智等．乡村振兴的九个维度[M]．广州：广东人民出版社，2018：86.

(一)重视建设规划和相关理论研究

日本在开展“造村运动”时始终将规划工作作为一个重点,尤其重视综合性的国土规划,强调以科学规划为主线开展建设和改革工作。通过四次国土综合整治规划,日本政府引导各部门把钱都投在农村小城镇,扶持农业,促进农村地区的发展。同时,日本政府非常重视理论研究。如为防止人口外流,平松守彦提出了“磁场理论”——如果强磁场与弱磁场之间放一块铁板,铁板自然会被强磁场吸引。为了促进各地区均衡发展,需要把农村建成不亚于城市的强磁场,把青年人牢牢吸引在本地区。磁场的吸引力在于产业,必须立足本地区条件,发展具有地方特色的产业。政府通过地方产业的发展来防止农村人口外流,而不是靠行政手段限制人口的流动,这极大地调动了农民的积极性。

(二)建立健全农村环境问题防治的法律体系

20 世纪 50 年代,日本在工业化发展进程中实现了快速发展,但与此同时这也为农业发展带来了一些新问题。化肥和农药的大量使用,一方面实现了农产品的大幅度增产,但另一方面也导致了环境污染问题的出现,即农药残留、农产品品质降低、水质恶化等问题相继出现,环境污染日益严重,农村的可持续发展面临严重危机;20 世纪 80 年代可持续发展理论被提出后,日本及时制定了一系列农村环境保护的法律政策。为了解决环境污染日益严重的问题,70 年代日本开始了环境保护运动,相继出台了《废弃物处理法》《环境基本法》《资源有效利用促进法》《推进循环型社会形成基本法》《农药取缔法》《土壤污染防止法》等法律法规,将环境保护作为社会发展的前提,提倡发展循环型农业,有效地发挥农业所具有的物质循环功能,使农业生产和环境保护相协调。有机农业、生态农业、减农药和减化肥农业在日本全国逐步实施。2003 年,日本厚生劳动省医药局和农林水产省生产局颁布实施了《农药危害防止运动实施纲要》,进一步加强对农药的审定、生产保管及使用的监察与管理，普及农药知识、指导农民正确使用农药。2003年出台了《农药残留规则》《农地管理法》，2004年的食品、农业、农村政策审议会对农业新基本法的基本计划进行修改，将农业环境、资源保全政策与经营安定对策、核心经营者与农地制度改革问题作为主要议题。2005年颁布了新的《食物、农业、农村基本计划》和《农业环境规范》，提出了全面实施环境保全型农业的政策，并将此作为享受政府补贴、政策性贷款等各项支持措施的必要条件。2006年出台了《关于推进有机农业的法规》，2007年制定了《关于有机农业推进的基本方针》。

（三）重视技术创新与推广

日本在推进社会发展的过程中十分重视技术革新，这体现在各个领域，当然也体现在农业领域，工业现代化水平高为其农业发展提供了有力的技术保障。为促进农业发展，日本积极研究和推广先进的农业生产技术。例如，积极发展生物工程技术，不断通过生物技术改良农作物品种，使新品种的农作物更适应高效化肥。同时，广泛采用小型农用机械化土地进行精耕细作，有效改善了农作物的生长环境和条件，大幅提高了农作物的单位面积产量。总之，在生物、化学等科技进步的带动下，在小型农用机械对土地精耕细作下，日本农业走上了现代化道路，为农业资源禀赋先天不足的国家树立了农业现代化的典范。

（四）重视农业农村的基础设施和公共服务建设

日本政府认识到推动农业农村发展需要充足的资金支持，因此早在20世纪30年代就建立了补助金农政，以此提供更好的财政支撑。所谓补助金农政是指日本政府把推行农业政策所必需的经费（人员经费、材料费、补助费、补助金、委托费等）列入财政预算，交付给执行政策的地方公共团体、法人、个人或者其他团体，以求农业政策的落实。补助金农政包括两个部分的内容，一是无偿的财政性投入，二是有偿的政策性融资。无法回收的项目投入靠财政,能够回收的靠政策性金融。所谓政策性金融,是指由政府出资组建的金融机构,向政府希望发展但在商业性金融市场上难以筹集资金的产业部门融资。政策性金融与普通商业性金融的不同之处主要体现在两点上,一是融资期限比较长,可达20年甚至是30年以上;二是利息低,其利差由财政补贴。在日本第二次新农村建设期间,日本政府加大了补助金农政的实施力度,指定3 100个市町村推进农村基本建设和经营现代化建设,约占当时日本市町村总数的80%。每个市町村除政府补贴9 000万日元外,还由国家农业金融机构贷款2 000万日元。在"造村运动"期间,日本政府也没有减少对农业的财政投入,除直接进行农产品价格补贴外,还建立了农产品价格风险基金,农民和政府各出资30%和70%,由农林水产省负责管理,当农产品供过于求导致市场价格下降时,基金会大量收购以消化过剩部分,促使农产品价格回升,保护农民利益;当农产品供不应求导致价格上升时,基金会则卖出储备的农产品,促使价格回落。同时,投入巨资加大农村基础设施尤其是农田水利设施建设,从而为农业经营者创造良好的投资环境。近几年来,日本政府每年对农村基础设施的投入都在11 000亿日元左右。①

(五)培育和发展农民组织

日本政府在实践探索中认识到农民组织在农业发展和农村建设中的重要性,建立了完善的农协组织,由基层农协、县经济联合会和一个中央联合会三级农协组成了完备的流通服务网络,覆盖了日本整个农村。它们利用联合的力量,为农民提供及时、周到、高效的服务,成为集农业、农村、农户三类组织三位一体的综合社区组织,日本有80%以上的农副产品是通过农协销售的,90%以上的农业生产资料是由农协提供的。农协组织的建立,为保证农民利益,提高农业发展效率、应对市场风险提供了有力的保障。

① 花明,陈润羊,华启和．新农村建设:环境保护的挑战与对策[M]．北京:中国环境出版社,2014:120-121.

（六）推进环境保全型农业改革和发展

在现代农业发展的早期阶段，日本将重点放在提高土地生产力方面，因此大量使用化肥、农药提高农作物产量，但是忽略了生态环境保护和农产品安全等一系列问题。面对来自资源、环境的压力，日本于20世纪90年代初提出发展“环境保全型农业”，开始了现代农业发展新模式的探索，至今仍在继续。日本在1992年制定的《新的食品、农业、农村政策方向》中首次提出“环境保全型农业”的概念，并将其作为农政改革的新目标。环境保全型农业是指灵活运用农业所具有的物质循环功能，通过精心耕作，合理使用化肥、农药等，发展环境负荷量小的可持续型农业。政策所关注的对象不仅仅是农业，还有食品、农业、农村，发展目标也由单纯追求规模扩大和效率提高转变为重视农业的多功能性和自然循环功能的维持与促进，农业价值观发生了根本变化。政府专门设置了环境保全型农业对策室，负责环境保全型农业的推广。日本推进环境保全型农业发展的主要法规有：《持续农业法》《家畜排泄物法》《肥料管理法（修订）》《有机农业法》《有机JAS标准》《特别栽培农产品的表示》《生态农户的表示》等。推进环境保全型农业发展的主要技术措施有：土壤复壮技术、化肥减量技术、化学农药减量技术等。我国应该吸取日本环境保全型农业发展实践的经验，在探索具有可持续性的现代农业的发展过程中，应坚持立法先行、依法推行，上下结合、共同推进，权威认证、制度保障，关键因素、土地为主的原则。

（七）重视民族特色和区域特色产业的发展

日本政府推动农业发展和农村建设的过程中，认识到区域特色和民族特色产业的重要性。产品越具有民族性，其国际价值就越高，也越能受到国际上的肯定。日本非常重视地方特色产品的开发，立足乡土，放眼世界，积极瞄准国际市场，通过打造具有区域特色的品牌产品，提高品牌知名度，获得了极大的成功。

二、以色列的生态乡村建设实践

以色列位处地中海东岸,是一个国土面积很小的国家。以色列的人口密度,土地类型、降水情况决定了其发展农业存在较大困难。在水资源和耕地资源都十分短缺的背景下,以色列能够在农业发展和农村建设方面取得一定成绩,主要原因包括以下几个方面:

(一)制定并执行严格的用水管理制度

以色列深知本国水资源短缺的实际情况,因此,自建国起就十分重视水资源的管理,并制定了严格的法律制度规范水资源的使用和管理。以色列在1955年颁布了《水法》《水井控制法》《量水法》,对于水资源的开采、运输和使用都做了精细的规定。以色列还建立了水利委员会,专门负责水资源管理。水利委员会的理事会成员中三分之一来自政府,其余的三分之二来自各行各业。为了具体管理水资源,以色列还设立了以色列国家水务集团,这个公司负责全国70%水资源的开采、运输和使用,任何人取水都必须得到该公司的许可。

以色列有法律明确规定,国家持有本国的土地所有权,农民集体组织持有土地使用权。大致上可以将以色列的农民集体组织分为两类:一类是吉布辞,规模相对较大;一类是莫沙夫,规模相对较小。无论是吉布辞还是莫沙夫,政府在他们购置农业机械时都给予补贴,用水给予优惠。

以色列明确规定水资源的价格,制定并实施“定额用水,超额提价”的政策,为不同领域的用水确定正常使用的定额,然后制定定额以内的用水价格和超出定额之外的用水价格。对于居民生活用水,定额以内的水价是0.7~1.0美元/立方米,而超过定额之外的水价是1.6美元/立方米。对于工业用水,定额以内的水价是0.2美元/立方米,而超过定额之外的水价是0.4~0.6

美元/立方米。对于农业用水，定额以内的水价是 0.1～0.14 美元/立方米，而超过定额之外的水价是 0.26～0.5 美元/立方米。①

（二）扩展水资源获取渠道

水资源总量短缺严重限制以色列的农业农村发展，导致其农业农村难以保持持续稳定发展。按照相关统计预测，2020 年，以色列需要农业用水 14.4 亿立方米，而正常可用的水资源只有 3.6 亿立方米。以色列将微咸水和处理后的污水用于农业生产，使得用于农业的水资源总量逐步增长。

水资源匮乏是以色列农业发展面临的难题，而这在南部沙漠地区更为严重，如果仅依靠稀缺的淡水资源发展农业则十分困难，因此，以色列通过开采利用微咸水扩展其水资源获取渠道，充分利用其较为丰沛的咸水资源。以色列通过在沙漠地区挖掘深井开采了 1 千米以下的咸水，其含盐量约为每升 4.0 克，然后加工成可以用于农业灌溉的微咸水。而在使用时，微咸水与淡水搭配使用，根据农作物的特性和生长期来确定微咸水与淡水的比例，一些农作物，如西红柿，已经证实在微咸水的灌溉下品质更佳。

实际上，以色列利用污水的历史并不长，但当前以色列已经被认为是在废水处理（再生水）再利用方面的全球领跑者。2012 年，该地区污水处理厂被联合国定为全球模式。随着社会经济的发展，污水量不断增长，将处理后的污水用于农业生产，既有利于环境保护，又有利于农业发展。1971 年，以色列修改了水法，禁止直接排放未处理的污水，要求所有的生产生活污水都进入污水处理厂。以色列从 1972 年开始实施了“国家污染水再利用工程”，主要目的在于将处理后的污水用于农业灌溉。1987 年建立的沙夫丹污水净化厂，原本负责处理特拉维夫市及其周边城市的生产生活污水，日可处理污水 27 万立方米，约占全国污水的三分之

① 樊阳程等．生态文明建设国际案例集[M]．北京：中国林业出版社，2016：7.

一,现已扩建成为全国最大的污水处理中心,处理来自多个城市的污水,每天24小时运转,可处理污水34万立方米。以色列共有28 500公顷种植棉花的土地,全都由污水灌溉。以色列还制定了污水灌溉国家标准,如要求大肠杆菌的数量少于每升10 000个,另外,以色列的政府和科学家还定期评估污水灌溉的环境影响。如1998年和1999年连续对全国200个柑橘和鳄梨种植园的产品进行研究。[①] 以色列处理了全国80%的污水,特拉维夫市区的污水全部得到处理和再利用,处理后的水用作农业和公共工程灌溉用水。污水处理后剩下的污泥被注入地中海。现在,对于污泥的处理有一项新的法案已获通过。法案要求,要将污泥转化为肥料,不得随意抛弃。循环使用的再生水使农民能够提前规划生产,而不受水资源短缺的限制。

(三)重视先进农业技术的开发与使用

以色列为了节约水资源,最初使用从美国引进的喷灌技术进行农业生产。美国喷灌技术的核心是将水通过管道运输至农作物的附近,然后喷至农作物的叶面上,从而避免了将水浪费在没有农作物的土地和植物不吸收水分的区域。一般来说,这种灌溉技术可以节省用水40%以上。

但经过实践发现,以色列的实际农业条件并不是很适合采用美国的喷灌技术,这种技术并不能帮助其最大程度的节约水资源,因此,被誉为“以色列水源之父”的工程师布拉斯提出了滴灌的思路,这种技术的核心是水通过管道运输至农作物的根部,从而减少了土壤蒸发所浪费的水分。在20世纪70年代之后,以色列大量推广了滴灌技术,这种技术,相对于之前的喷灌,能节省用水10%至20%。以滴灌为代表的微灌技术不仅省水,还具有节省能源、劳动力等优势,相对于普通的浇灌方式,微灌技术节省用水40%至60%,节省用电5%至15%,节省劳动力60%至70%,

① 樊阳程等. 生态文明建设国际案例集[M]. 北京:中国林业出版社,2016:9.

节省肥料5%至15%。一些农产品在滴灌条件下的产量能够大大增长，如西红柿可以达到每公顷80吨，黄瓜可以达到每公顷30吨，茄子可以达到每公顷70吨，比传统灌溉技术增产三至七成。①

基于微灌技术的推广和普及应用，以色列又以此为基础发明了渗灌技术，相较于之前的微灌技术，这一新技术的核心是将输水管道埋至地表以下30至40厘米，从而更有效地减少了土壤蒸发等原因造成的水分损失。

以色列的农业部下设农业研究组织（ARO）来研究相关的农业技术，这个农业研究组织位于特拉维夫市附近的贝特达甘，包括大田和园艺作物研究所（主要研究大田作物、蔬菜和花卉等）、土壤、水和环境科学研究所（主要研究灌溉、施肥等技术）、植物保护研究所（主要研究植物的病虫害）、采后技术研究所（主要研究农产品的储存和保鲜）、农机研究所（主要研究农业机械，以提高效益，节省人力）。此外，以色列的农业部还下设农业技术推广服务总站，在农业技术推广服务总站任职的科学家和推广人员不仅定期地走访农户，在“报告日”上向农户介绍最新的农业技术，还开展田间试验，示范农业技术。

以色列通过研究和实践，不断完善其滴灌技术，做到了全球范围内的行业领先。首先，它由电脑控制，依据传感器传回的土壤数据，决定滴灌设施何时浇水、浇水用量等，绝不允许浪费每一滴水的同时保证农作物生长的需求。其次，为防止作物的根系生长堵塞喷嘴，喷洞周围精准涂抹专门的药剂，以抑制周边一个极细微范围内的根系生产。再次，为防止不喷水时土壤自然陷落堵塞喷嘴，需要在喷水系统中平衡布置一个充气系统，灌溉完毕后则马上充气防堵。最后，以色列滴水灌溉所用水基本为回收水，为防止回收水中较多杂质堵塞喷嘴，事先需要在回流罐中施用环保的物理方法沉淀杂质，并在管线中安装第二道过滤阀门。

① 樊阳程等．生态文明建设国际案例集[M]．北京：中国林业出版社，2016：7.

第四节　美丽乡村的建设路径

一、建设美丽乡村,进行合理的空间规划

(一)美丽乡村空间规划的要求

近年来,随着社会进步和经济增长,农村居民的生活水平不断提高,在这样的背景下,农村居民对生活居住、生产工作、游憩休闲等环境的追求也日益增长。因此,对于乡村空间,要做到科学合理的规划引导,让村民确实享受到社会经济发展带来的成果,让农村成为安居乐业的美丽家园。

1. 提供安全可靠的乡村基础设施

随着我国建设重点逐渐向农村倾斜,幸存基础设施建设力度不断增强,近年来,我国农村的人居环境得到显著改善,与之相应的基本社会服务也持续向农村地区延伸,很多农村地区已经实现了基础设施和社会服务的全覆盖。到 2016 年年末,几乎所有乡镇都建有现代的交通和能源通信等基础设施,其中部分基础设施正在提档升级,所有乡镇人居环境均有明显改善,乡镇公路基本实现“镇镇通”。农村交通条件改善,基本实现与外界互联互通,农民出行更加便捷,这些为乡村振兴奠定了重要物质基础。通过多年的农村电网改造,几乎所有农村都通上了电。2016 年末,通宽带互联网的村占比约九成,东部、西部和东北地区农村通宽带互联网的村占比都超过九成,即便是西部地区通宽带互联网的村占比也近八成。[①]

① 实施乡村振兴战略,加快推进农业农村现代化[EB/OL]. http://tougao.12371.cn/gaojian.php? tid=1062066.

但不能否认的是，当前，我国农村基础设施和服务与城市相比还存在较大差距，也不能完全满足农村居民对美好生活的期望，整体上看，我国乡村有些基础设施仍然十分薄弱，区域间差距仍然较大，仍然是全面建成小康社会和新时代社会主义现代化的突出短板。生活污水集中处理覆盖的村还比较少，虽然近年来乡村旅游和农家乐等新产业新业态迅猛发展，但开展旅游接待服务的村占比仅有约5%，餐馆有营业执照的村占比仅有约30%。宽带互联网等农村基础设施和生活垃圾集中处理等乡村基本社会服务在区域间还存在明显的差距。①

当前，我国大力推行乡村振兴战略，农村环境整治是其重要内容之一，而垃圾、水体治理和村容村貌提升又是农村环境整治的主攻方向之一。展望未来10年，需要优先打造城乡一体和相互融合的基础设施和社会基本服务格局，基本消除农村地区间基础设施的差距，使乡村更加生态，更加美丽宜居。

2. 构建清晰科学的经济空间体系

传统乡村的生存和发展依靠农业，农产品种植、家禽家畜养殖是农村的主要经济活动。一般而言，村庄外围多为耕地菜地、养殖水塘等空间，同时，家家户户的住宅还附带猪圈牛棚鸡窝等家禽家畜的养殖设施，构成自给自足的生活模式。

为了实现经济快速增长，我国在很长一段时间内将建设重点放在城市，这就导致对农村的关注及投入相对欠缺，再加上农村地区受本身地域广、人口素质低等因素的限制，大部分农村的经济发展异常缓慢。改革开放初期，我国开始实行了家庭联产承包责任制，导致了现在农村的整体经济格局仍以分散的小农经济为主，农民的劳作仍处于整个社会生产链条的最低端，缺乏附加值。

当前，农业农村改革和发展已经成为我国的一个建设重点，基于习近平总书记提出的乡村振兴战略，中共中央国务院颁布了

① 实施乡村振兴战略，加快推进农业农村现代化[EB/OL]. http://tougao.12371.cn/gaojian.php? tid=1062066.

《关于实施乡村振兴战略的意见》,文件明确提出:乡村经济要多元化发展,要培育一批家庭工场、手工作坊、乡村车间,鼓励在乡村地区兴办环境友好型企业,实现乡村经济多元化,提供更多就业岗位,满足村民就地工作需要。

市场经济制度与计划经济制度有本质区别,处于市场经济环境下的农业农村发展,必须保证生产要素遵循普遍的经济规律和效率首选的原则;打破地域和所有制界线,投奔效率和效益更高的地域和产业,自主追求资源的优化配置;开放的农村,已经打破过去社区性集体经济组织一统天下的局面,存在着多种经济组织;乡村经济实体之间的联合与合作、外来生产要素的涌进,将使过去固有的以村集体经济组织为主体的经管体制快速分化、异化。

3. 打造适宜生活和工作的聚落空间

改革开放推动我国社会、经济、文化等各个方面的高速发展,农村经济也在这个过程中获得了长足发展。随着经济发展和人口的增长,乡村各项建设的规模也不断扩大,尤其是住宅建设的规模增长巨大,这种增长规模超过了历史上任何时期。大部分村庄在一定程度上向外扩张了一定的规模,同时,村庄内部也发生着解体和重构。随着越来越多的农村劳动力进城务工,享受到现代化的城市生活环境,农民回归农村后,其对美好生活的追求并没有消失,越来越多的现代化家具家电等进入农家。

农村居民以村庄为主要聚集区,这一聚集区包含了区域内的民宅、聚落及周围环境等。相较于城市住宅,农村民宅具有独特的功能特点,城市住宅属于消费性的商品,是住户通过商业手段(大部分是购买形式)得到用于居住的场所,而农村住宅则具有居住与劳作的双重属性。首先,农民在得到住宅的途径上,往往是自己参与建设的全过程;其次,从功能上讲,农村住宅不仅要满足包括起居饮食在内的生活居住功能,同时,也为农民的生产经营提供便利,因而农宅往往具有较大的储藏空间、家务院、晒台等配套空间；最后，从生活的方式上讲，由于农村的经济水平有限，社会提供的各类综合服务不完善，如村民需自家或多家配置水井以满足生活用水的需要。当前，随着部分农村经济水平向城市接近，随着村镇的城市化和农民生活方式的改变，一部分农宅开始向消费型过渡，这些现象在城市近郊区比较突出。

因此，必须围绕乡村的自身特点进行乡村规划，以此为基础才可以设计出符合农民生活生产要求的建筑，营造宜居宜业的空间，同时，要考虑房屋建造的经济性、非商业性和可变性。

对于农村居民而言，民宅建造是一项十分耗费财力的工程，他们需要承担巨大的经济负担，农村住宅的造价水平直接依赖于农民个体家庭的经济收入情况。尽管近年来农村经济有了飞速发展，但由于起点低，低造价依然是农宅建造的一个广泛前提。面积、材料、工艺都要受到造价的约束。

农村民宅和城市住宅所处的环境不同，住房政策也有所区别，其具有十分显著的非商业性。农村宅基地是作为一项国家福利，由政府批给村民的，而土地使用权的转让一般只允许在本村的小范围内进行。由此，农民通常会自己动手建房，雇用少量本地的劳力，基本上全程参与到住宅的建设过程中。住宅建成后为农民自用，很少出现转卖现象；随着一户一宅等政策的实施，农村住宅买卖现象将更少发生。

一般情况下，农村居民会在民宅建成后长久居住，其家庭成员会在未来的十几年甚至几十年都生活在该民宅内，所以，农村民宅必须具有足够的可变性来适应家庭结构的变化，农宅通常运用最单纯的空间结构来适应不同的使用。

4. 构建并完善农村服务设施

近年来，我国大力推进农村基础服务设施建设，但从整体上看仍与城市的服务设施建设差距较大，无法满足农村居民最基本的服务需求。根据相关部门的调查显示，当前农村居民最关心、最需要的基本公共服务，包括基本医疗卫生、义务教育、公共基础设施、最低生活保障、农技支持、就业服务、生态环境保护、社会治安、金融支持等,其中对公共基本医疗卫生、义务教育最为关注。农民自身的诉求也非常强烈,大量调研结果表明,村镇公共服务设施亟待改善,在部分村庄,对公共服务设施的需求大大超出了对给排水、采暖等基础设施的需求。

相较于城市的公共服务设施,乡村在数量和质量方面都存在较大差距,严重滞后于社会经济发展水平及村民的实际需要。许多公共服务设施在部分农村地区相当缺乏,一些偏远的村庄甚至根本没有设置基本的、必要的公共服务设施,部分村庄内的公共服务设施用地、用房等得不到落实,存在租用民宅或和其他设施混用的现象,这些都给村民的生活造成很多不便。

随着村民素质及意识等各方面的提高,对公共服务设施的需求和渴望程度也逐步提高,普遍希望享受到和城市居民一样完善便利的公共服务设施。

5. 提高社会组织的服务质量和效率

我国农村在工业化和城镇化不断推进的背景下进一步深化改革,国家层面制定并实施了各项支农、惠农政策,并且还在不断扩充政策涵盖,可以看出,近年来,我国农村社会发展水平及服务水平不断提高。同时,由于农村社会结构、农业经营体系以及农民思想观念等的变化,对乡村治理及社会服务提出了更高的要求。乡村社会组织的高效服务能力,对于确保农村社会和谐稳定、农民群众安居乐业、城乡协调发展具有重要的意义。

传统农村处于相对封闭的空间中,与外界的交流很少,而在城乡一体化不断推进的背景下,打破这种封闭的农村社会格局成为必然选择和必然结果,只有这样才能实现城乡人口流动速度加快,才能推动农村的生活生产方式、农民的思想价值观念逐步转变,才能推进农民产生并增强其法治意识,这同时也催生了利益需求日益多元化,各种利益诉求不断出现。

为此,各级政府及社会阶层需要从群众的切身利益出发,通过构建预防和化解社会矛盾的体系，积极拓展农民利益表达渠道，积极提升农村社会治理服务水平，推进农村社会治理主体多元化，在强化党组织和政府自身建设的同时发挥社会组织的协同作用、提高农民社会治理组织化的程度，使各种社会服务能够高效地提供。

6. 构建绿色和谐的生态空间

乡村振兴的根本目的是满足广大农民对美好幸福生活的愿望，推动农业农村的全面协调发展。2018 年中央一号文件指出，要“推进乡村绿色发展，打造人与自然和谐共生发展新格局”，文件提出：乡村振兴，生态宜居是关键。2019 年中央一号文件指出，“扎实推进乡村建设，加快补齐农村人居环境和公共服务短板”“加强农村污染治理和生态环境保护”。良好生态环境是农村的最大优势和宝贵财富。农业农村生态环境保护是新时代生态环境保护的重要内容，我国农业发展不仅要杜绝生态环境欠新账，而且要逐步还旧账，通过打好农业面源污染治理攻坚战，推进农业绿色发展，建设绿色自然的乡村生态空间。

生态环境与农村居民的日常工作和生活具有紧密联系，实现乡村振兴的一个重要前提就是创建良好的生态环境，本身乡村的基础设施及公共服务就落后于城市，如果其生态环境也堪忧，那么将难以留住村民、吸引人才，如果人口大量进城，尤其是青壮年外出务工并定居城市，乡村的建设、管理等各项事业也就无从谈起，乡村振兴也只能是一句空话。而青山绿水得以保留，生态环境宜人，同时，产业兴旺，能够为村民提供丰富的就业岗位或渠道，必将吸引人才回归，共创美好乡村，实现乡村振兴。

7. 创设功能复合多元的公共空间

城市的公共空间主要是指公园、广场等场所，而乡村的公共空间具有更多面的功能，可以说这是一个社会的有机整体，农村居民会在这个公共空间内从事农业生产活动、休闲娱乐活动和集会活动等,可以看出,乡村公共空间的功能更为复合多元。

乡村公共空间一般为人们可以自由进入并进行各种思想交流的公共场所。例如,位于村庄中的寺庙、戏台、祠堂、集市等场所能够满足村民组织集会、红白喜事等活动。

虽然乡村公共空间本身就具有功能复合性,但这种复合化程度会随着社会和农村的发展而进一步增强。从乡村公共空间的发展历史及现代化的使用要求来看,主要有乡村信仰、乡村生活、乡村娱乐、乡村政治等方面的使用要求。

乡村信仰公共空间通常是指农村居民从事祖先祭拜、民间信仰、宗教信仰等活动的空间及场所,如祠堂、寺庙、教堂等。尤其是那些家族聚集的乡村地区,祠堂是从事信仰活动的主要场所,主要涉及孝道、传宗接代等伦理道德文化,对于规范代际关系、凝聚宗族力量具有重要作用。不仅如此,祠堂还具有团结宗亲、维系社会秩序的实际功能,在调解村民纠纷、救济贫困、维护社会治安、邻里生产互助等方面发挥着重要作用。另外,民间信仰活动是一种具有地域性、自发性、草根性的非制度化信仰,一般指植根于乡村的传统文化经过历史长河积淀并延续至今的有关鬼神、英雄、历史人物的信奉,主要信仰空间有土地庙、关公庙、观音庙、山神庙、龙王庙、财神庙等场所。这些空间以及以此开展的相关活动潜移默化、润物无声地影响着农民的道德伦理、行为规范。

农村居民不论是在日常生活中还是在学习工作中,都会产生一定交往、表达、参与及分享的需要,因此就会形成一定公共空间满足他们这些需要,村民可以在这个平台空间上进行相互交流、沟通感情。农民在闲暇时间一起在村头、树下、河边、商店门口等公共场所聊天,聊天的话题无所不有,大至国际风云、国家大事,小至村子里哪家媳妇不孝顺、邻居吵架,都会成为农民嘴边津津乐道的趣事。另外,公共空间是婚丧嫁娶、生老病死、建房、考上大学、过寿等人情事件过程中发生的各种仪式、举办酒席、礼物交换的空间载体。

科学技术的创新发展为农业农村发展带来福利,农业生产率和农村生产力水平得到显著提高，农村居民的生活质量也有了大幅提升，相较于从前，农村居民拥有了更多的个人闲暇时间，他们需要更多的精神享受和文化娱乐。公共空间可以为农民提供文化需要，在没有增加农民货币支出的情况下增加农民的幸福快乐，是一种“低消费、高福利”的文化生活方式。娱乐性文化活动为农民在农忙之余提供了相互交往、相互联系的公共空间，娱乐的同时也成为农民的一种健康文化生活方式，能够为其提供生活意义和乡土尊严。

8. 继承和发展乡村本土文化

文化产生于各种环境中，产生于乡村这一特殊环境下的便是乡村本土文化，农村居民是这种文化的主体，这些文化随着农村发展而发展，在这个过程中影响着广大农民。乡村文化是指与当地的生产生活方式紧密关联在一起，并且能够适应本地区村民的物质和精神方面需要的文化。我国的乡村文化是建立在传统农耕经济基础之上的农业文化形态，广大农民是乡村文化的主体，他们在长期的生活实践中创造并不断发展着乡村文化。另外，农民特定的生活方式是对乡村文化产生影响的最大元素，农村现有的生产力发展水平和生产关系特点使乡村文化深受影响；还有就是，农村承担着乡村文化传播和发展的重任，是乡村文化的载体和依托。

建设新型乡村文化，实际上就是促使传统乡村文化转变为现代乡村文化，体现为乡村文化现代化的过程，这意味着数亿农民生存方式和价值观念的根本性变革，意味着乡村文化主体的农民形象的再塑造。

改革开放以来的新农村建设视域中的乡村文化建设，是在广大农村建设和谐、生态、文明、科学、现代的乡村文化和乡村文化状态，以满足广大农民多样化的文化需求和保障农民的文化利益，缔造新的乡村精神和乡村理想。其中既包含乡村生产生活方式的现代化、农民观念和乡村精神的重塑，也包含乡村文化机制获得创新与多元发展,以及乡村文化活力的激发和乡村文化生态的改善等。

(二)美丽乡村空间规划的基本模式

1. 散点状村庄空间规划模式

散点状村庄具有数量多、规模小的特点,村庄分布比较均匀,通常这类村庄集中于丘陵地区、浅山区域,以及河流水系网状分割的平原区。

对这类乡村进行空间规划,科学合理的道路交通布局和配套的公共服务设施建设是其重点和难点。规划可以考虑在不影响村民日常生活生产等情况下进行适当的搬迁,减少不必要的道路等基础设施的投入。

进行散点状乡村空间规划时,基于其与带状城市的一定共同特征,可以在一定程度上参考带状城市的模式,通过一条主路,把乡村的居民、村委会、学校、卫生室等空间有机连接起来。主路规划应充分挖掘并延续现有的道路,由于受地形等因素的影响,多数道路形态狭长,并有可能以弯路为主,在实际规划中,不仅要满足交通性能的要求,而且要抓住现状特征,路面拓宽不能强求径直,要依其自然,使之成为景观优势。在完善道路系统的时候,要根据居民住宅的分布来延伸道路,形成自由式道路网。其他次要的村庄可以用次级道路进行连接,以满足基本的通行要求。对于分散的村庄之间,可以利用田间或林间路,经济条件允许的可以进行硬化,一般情况可以采用砂石路,既满足交通联系的要求,又不增加村民的经济负担。

配套的公共服务设施建设是建设美丽乡村的重要内容,开展这项工作必须以了解乡村的实际情况为前提,相关部门和人员可以结合村口、村委会等大部分村民便于到达或经常路过的地方,一般尽量相对集中布置,便于村民使用或管理。这类乡村一般规模不太大,人口不多,相关设施不要贪大求全,而要以群众实际需要为主，公共服务设施以灵活布置为主。

2. 集中型村庄空间规划模式

集中型村庄是一种常见的村庄形式，大多集中于地势平坦的平原地区，这是大型村庄的典型模式。村庄内部形成一个或几个中心。这类村庄的街巷多呈网络状发展，街巷脉络清晰，村庄形态肌理内聚性强，又易于随着村庄扩大逐步沿路拓展延伸。

通常集中型村庄的规模较大，这意味着村庄内的各类建筑和民宅相对密集，街巷承担着交通联系和组织村民生活的公共空间的主要作用，很多公共设施即公共活动空间都在主要街巷边上，因此，街巷还是公共和半公共的线性交往空间和交通联系通道。

对于集中型村庄而言，对既有空间进行科学合理的改造是空间规划的重点及难度。大部分历史上形成的集中型村庄受当时的社会经济环境限制，街道狭窄、房屋密集、公共空间不足，而汽车、电器等现代产品的介入，对道路交通、消防等提出了新的要求与标准，那么在村庄规划中，对交通设施即交通管理、安全疏散、环境卫生等需要重点考虑。

集中型村庄具有道路繁多且密集的特征，并且农村道路通常比较狭窄，这对空间规划和建设形成了一定限制。因此，在规划建设过程中，要明确村庄道路功能及相应级别，完善道路系统，高效组织交通，明确车行路、人行路、车辆单向通行道路、应急通行道路等，同时，要在村口等适当的地段设置停车场，满足村民或外来人员车辆的停放，防止村庄内部道路堵塞。

村庄公共空间及公共设施的建设要充分利用及强化村庄中心的功能，加强控制引导，防止占用。围绕村庄中心逐步完善各类公共服务设施，提升村庄中心的吸引力与凝聚力。

同时，一些农村内部存在一定数量的年久失修的危旧建筑，为了保证村民安全以及更合理地规划空间，可以适当拆除这些建筑，使其成为公共开敞区域，这样，既可以形成丰富的内部院落空间,与村庄中心形成不同层次的开放空间,又对营造和谐的邻里关系具有重要的意义。

3. 组团型村庄空间规划模式

组团型村庄相较于散点状村庄更为集中,而相对于集中型村庄又较为分散,这是我国分布较多的村庄空间模式。这类村庄因地制宜,与现状地形或村庄形态结合,能较好地保持原有社会组织结构,对自然环境的破坏较低。对这类村庄进行空间规划时,主要考虑如何提高土地利用率、科学配置公共设施、合理建设基础设施等方面。

通常,组团型村庄缺乏系统合理的道路系统,道路本身级别较低。因此,在进行道路规划时,应该主要结合原有村庄和地形条件,充分利用现有道路进行规划,重点提高组团间和对外交通的联系程度,在加强各个组团居民点之间联系的同时,逐步完善各个组团内部的道路体系。

建设并完善组团式村庄的配套公共服务设施十分困难,因为这必须对乡村的空间位置、人口规模等因素进行充分了解和考量,以此为基础进行灵活配套,多以小型设施为主。如果村庄各组团之间距离较大,则需要将公共服务设施分散设置,这将导致相关设施利用率不高,造成有限的社会资源的浪费,如果集中设置,则会导致如学生上学路途较远等问题,对于低龄学生,问题更是难以解决。因此,如何提高组团型村庄的土地利用率,高效合理配置公共服务设施及基础设施,提高村庄的整体效益显得至关重要。

二、建设美丽乡村,进行科学的生态治理

(一)保护和修复乡村生态体系

实施乡村振兴战略,建设美丽乡村,一个重要的内容是加强对乡村生态系统的保护和修复,这是一项十分复杂的系统工程。

1. 找准重点，加强生态系统保护和修复

习近平总书记在党的十九大报告中明确提出，必须树立和践行绿水青山就是金山银山的理念，统筹山水林田湖草系统治理，建设美丽中国。同时强调，“实施重要生态系统保护和修复重大工程，优化生态安全屏障体系，构建生态廊道和生物多样性保护网络，提升生态系统质量和稳定性”[①]。大力实施大规模国土绿化行动，全面建设三北、长江等重点防护林体系，扩大退耕还林还草，巩固退耕还林还草成果，推动森林质量精准提升，加强有害生物防治。稳定扩大退牧还草实施范围，继续推进草原防灾减灾、鼠虫草害防治、严重退化沙化草原治理等工程。保护和恢复乡村河湖、湿地生态系统，积极开展农村水生态修复，连通河湖水系，恢复河塘行蓄能力，推进退田还湖还湿、退圩退垸还湖。大力推进荒漠化、石漠化、水土流失综合治理，实施生态清洁小流域建设，推进绿色小水电改造。加快国土综合整治，实施农村土地综合整治重大行动，推进农用地和低效建设用地整理以及历史遗留损毁土地复垦。加强矿产资源开发集中地区特别是重有色金属矿区地质环境和生态修复，以及损毁山体、矿山废弃地修复。加快近岸海域综合治理，实施蓝色海湾整治行动和自然岸线修复。实施生物多样性保护重大工程，提升各类重要保护地保护管理能力。加强野生动植物保护，强化外来入侵物种风险评估、监测预警与综合防控。开展重大生态修复工程气象保障服务，探索实施生态修复型人工增雨工程。

2. 基于实际需要，建立健全生态系统保护制度

党的十九大报告中明确指出，我国会进一步“开展国土绿化行动，推进荒漠化、石漠化、水土流失综合治理，强化湿地保护和

① 习近平：决胜全面建成小康社会 夺取新时代中国特色社会主义伟大胜利——在中国共产党第十九次全国代表大会上的报告[EB/OL]. http://news.cnr.cn/native/gd/20171027/t20171027_524003098.shtml.

恢复,加强地质灾害防治。完善天然林保护制度,扩大退耕还林还草"[1]。具体来说,就是完善天然林和公益林保护制度,进一步细化各类森林和林地的管控措施或经营制度。完善草原生态监管和定期调查制度,严格实施草原禁牧和草畜平衡制度,全面落实草原经营者生态保护主体责任。完善荒漠生态保护制度,加强沙区天然植被和绿洲保护。全面推行河长制湖长制,鼓励将河长湖长体系延伸至村一级。推进河湖饮用水水源保护区划定和立界工作,加强对水源涵养区、蓄洪滞涝区、滨河滨湖带的保护。严格落实自然保护区、风景名胜区、地质遗迹等各类保护地保护制度,支持有条件的地方结合国家公园体制试点,探索对居住在核心区域的农牧民实施生态搬迁试点。

3. 建立健全生态保护补偿机制

适当的补偿机制有利于促进农村生态环境保护和修复,十九大报告中指出,要"严格保护耕地,扩大轮作休耕试点,健全耕地草原森林河流湖泊休养生息制度,建立市场化、多元化生态补偿机制"。我国应该加大重点生态功能区转移支付力度,建立省以下生态保护补偿资金投入机制。完善重点领域生态保护补偿机制,鼓励地方因地制宜探索通过赎买、租赁、置换、协议、混合所有制等方式加强重点区位森林保护,落实草原生态保护补助奖励政策,建立长江流域重点水域禁捕补偿制度,鼓励各地建立流域上下游等横向补偿机制。推动市场化多元化生态补偿,建立健全用水权、排污权、碳排放权交易制度,形成森林、草原、湿地等生态修复工程参与碳汇交易的有效途径,探索实物补偿、服务补偿、设施补偿、对口支援、干部支持、共建园区、飞地经济等方式,提高补偿的针对性。

---

① 习近平:决胜全面建成小康社会 夺取新时代中国特色社会主义伟大胜利——在中国共产党第十九次全国代表大会上的报告[EB/OL]. http://news.cnr.cn/native/gd/20171027/t20171027_524003098.shtml.

(二)加强乡村环境治理

1. 将环境保护纳入村镇建设规划体系

围绕乡村振兴战略建设农村的过程中,首先需要结合实际情况对村镇建设进行整体规划,而为了建设美丽乡村这一目标,应该将环境指标纳入规划和评价体系中,避免建设过程中因忽略环境因素而造成灾难性后果;保证环境规划与村镇规划、环境建设与村镇建设、环境管理与村镇管理同步进行,把小城镇环保工作纳入干部政绩考核。

2. 建立并完善农村环境保护法律制度

加强农村生态环境治理,科学且严格的法律法规是相关工作顺利展开的重要保证,并且农村环境保护法律体系还是农村环保制度设计和政策执行的根据,构建农村环保法律法规体系,需在科学立法、严格执法、法律监督等方面下功夫。在立法的过程中,需要克服“经济至上”的惯性思维,按照“谁污染谁治理”的原则立法。应抓紧研究、完善有关农村环境保护方面的法律,研究制定村镇污水、垃圾处理及设施建设的政策、标准和规范,对重要饮用水水源地等水环境敏感地区,制定并颁布污染物排放及治理技术标准。各地结合实际尽快制订和实施一批地方性农村环境保护法规、监测制度和评价标准,鼓励地方对农村环境法规规范领域进行探索,尽快填补农村环保法律的空白和盲区。

3. 构建并完善农村环境管理监测体系

切实有效的监测为农村环境保护工作落实到位提供重要标准,通过监督和追责的方式可以在一定程度上避免相关工作人员和领导玩忽职守而产生严重后果。加大上级环保部门对下级环保部门在执行环保法律法规方面督查和考核的力度,对违法乱纪责任人必须严格追究相关法律责任。建立严格的环保问责制度和绿色 GDP 考核制度,杜绝以 GDP 为唯一目标的发展方式,实行政府负责人环保负责制。要加快将农村环境保护作为重要指标纳入政府考核体系,并明确加以规定。

同时,应该积极推行公众参与。发展环境保护事业要保障人民群众的监督权,推进信息的透明公开,健全公众参与机制。同时,积极报道和表彰环境保护工作中的先进分子。尽快建立公众参与环境保护监督机制,拓宽农民大众参与环境保护的途径,只有把政府的强制管理和个体的自觉遵守结合起来,农村的环境保护工作才能真正地事半功倍。

4. 积极开展环保宣传教育活动

在农村开展环境保护工作,一个重要的方面是转变农村居民的传统思想,要让他们正确认识环保及其重要性。需要注意的是,在农村居民中开展环保宣传教育时,要充分考虑农村居民文化知识水平普遍较低的现实,可采用一些农民喜闻乐见的形式和素材,比如科教片、宣传图板等,或者结合文艺表演、科技扶农内容,开展环保图书下乡活动,编写适合在农村中小学、城市流动人口中使用的环境和生态乡土教材,在农村中小学普及基本环保知识。建立和完善公众参与机制,鼓励和引导农民及社会力量参与、提倡农村环境保护。

5. 加大对农村环境保护的财政投入

农村环境保护和治理是一项系统工程,需要耗费大量财力,单纯依靠农村自己并不实际,因此,国家相关部门应该加大在这方面的财政投入,支持农村环境保护,设立农村环境污染税费制度,明确各级政府的农村环境保护职能范围,统筹农村环境保护工作,整合对基层政府的转移支付资金以及突出财政支持重点等。一般来讲,财政政策工具主要分为财政收入和财政支出两大类。一方面,政府可以通过税收或专项政府基金等形式,在为环境保护筹集资金的同时,增加排污者的排污成本,从而调节其排污行为;另一方面,政府可以通过财政环境保护支出的安排,以投资环保基础设施、购买环保相关劳务和给予特定个人或企业财政补贴的形式，实现相关的环保目标。

通过以上分析可以看出，当前，我国农村环境保护和治理面临诸多问题，想要解决这些问题需要很长时间的持续努力。因此，农村环保工作既要解决当前突出问题，更要探索新路径，建立长效机制，为农村长远发展奠定基础。作为国家管理者，各地政府要把农村环保工作当作重点工作开展，学习借鉴国内外成功经验，并积极探索适合当地特点的农村环保之路，加强农村环境保护工作，改善农村环境，切实保护农民群众的生存环境。

(三)完善自然村落整治

1. 自然村落整治的主要内容

自然村是由村民经过长时间聚居而自然形成的村落，我国北方平原地区的自然村通常比较大，南方丘陵水网地区的自然村通常比较小。自然村落的整治主要包括以下内容：

(1)农村道路改造。对村内的主要道路进行标准硬化。合理布局村内路网，努力实现户户通路，切实改善村民交通出行条件。加快危桥改造，方便农民出行。(2)农宅墙体整修。根据农民的意愿和计划方案的要求，对村民住宅外墙统一形式和颜色，达到村落房屋色彩统一，实用美观。(3)生活污水处理。给水、排水系统完善，管网布局规范合理，自来水入户率达到100%。农村生活污水集中处理。(4)村内照明装置。村内主干道和公共场所有路灯照明装置，布局合理，环保节约，方便村民晚上出行，点缀乡村夜景，提升品位。(5)村庄环境整治。统一进行环境整治，拆除危房和违章建筑，对乱堆放的固体废弃物进行清理，做到无乱搭乱建乱堆现象。(6)河道疏浚净化。保护好村域内现有的水面，实行常年保洁，对濒临废弃、垃圾杂草滋生的黑臭河道进行疏浚、填堵，保障基本水质达标，水清岸绿。(7)农民住宅改厕。积极推进农村卫生厕所改造，农宅改厕率100%，村有公共卫生厕所并达标。(8)公共服务设施。建设深受农民欢迎的社区卫生室、便民小超市和文化活动室等公共服务设施和群众健身活动场所,改善农村医疗卫生、文化健身和日常生活条件。

2. 自然村落整治的主要途径

首先,构建合理的组织领导体系,建立工作机构。成立由有关部门组成的领导小组,明确工作目标和任务,加强不同部门的分工协作,落实各个部门的责权关系。领导小组主要负责自然村落改造工作的统筹、指导和检查验收:各镇成立相应的小组或机构,确保有分管领导、把责任落到实处。自然村落改造的具体实施:区农委、规划局等相关部门,按职能分工,明确职责、密切配合,强化服务、齐抓共管、形成合力。把这项工作列入对各级部门的考核中,建立奖惩制度。

其次,明确科学合理的治理方案,制定并完善工作计划。在制定和优化自然村改造的实施方案和工作计划时,应该保证各相关部门的共同参与,要经过多次磨合与修改得出最终结论。自然村落改造方案以设计文本为主,详细说明基本概况、改造项目、空间优化、配置设施、投资预算等。工作计划包括宣传发动、组织实施、总结评估和有关建议等内容。坚持从当地实际出发,因地制宜,量力而行,确保方案的科学性、可行性和实效性。

再次,推进部门间有机协作,因地制宜开展工作。加强对相关部门的组织协调,一切以农民的利益为出发点和落脚点,因地制宜地发展。一是坚持高标准、严要求,严格按照工程方案、设计图纸和施工要求,组织规范施工;二是要提高工作效率,在保证施工质量的基础上,各单位、部门所承担的工作和项目要按照时间节点落实任务,确保按质按时完成;三是加强监督检查,加强业务指导和施工质量监督,实行工程建设督理制度和村民自治相结合,定期或不定期地进行督促检查,组织统一评审验收。

最后,加强管理队伍建设,构建并完善长效机制。正确处理好集中建设与长效管理的关系。坚持建管结合,建管并重。试点村制定村规民约,列为文明家庭评比内容,探索长效管理机制。

第四章　乡风文明：促进乡村文化发展

建设乡风文明既是乡村建设的重要内容，也是中国社会文明建设的重要基础；乡风文明不仅反映农民对美好生活的需要，也是构建和谐社会和实现强国梦的重要条件。

第一节　乡风文明的内涵和建设意义

一、乡风文明的内涵

乡风文明是人们在日常的物质生活和精神生活中形成的传统美德和良好的文明习惯。要准确理解乡风文明我们要先从文化与文明谈起。

（一）文化和文明

1. 文化

文化一词来源于拉丁语，原意是耕作、培训、教育、发展、尊重等。文化是与自然存在的事物相对应而言的。野生的禾苗非为文化，但人工栽培出来的麦、稻等则为文化；天然的燧石非为文化，但经过原始人打制的石刀、石斧则为文化……可见，文化是人类创造的东西，而不是自然存在的事物。文化作为一种特有的社会现象,随着人类的产生而产生,随着人类社会的发展而发展。

最早给文化下定义的英国人类学家爱德华·泰勒在其著作《原始文化》中指出:"文化是一个由知识、信念、艺术、道德、法律、风俗及其他人类能力与习惯组成的综合系统。"文化不仅包括价值观、行为准则、生活态度这类非物质的形式,也包括了体现这些非物质文化意义的物质表现形式。

在《辞海》中,文化被划分为广义文化和狭义文化。广义文化是指人类社会实践过程中所获得的物质、精神的生产能力和创造的物质、精神财富的总和。狭义文化指精神生产能力和精神产品,包括自然科学、技术科学和社会意识形态。

2. 文明

关于"文明"一词,《辞源》中的解释是:指人类社会进步状态,与"野蛮"相对。文明是人类社会发展的产物,是人类进入高级阶段的一种社会进步状态。因此,文明是人类社会发展中各种相互关联的高级属性和特征的集合体,它表示着人类社会的物质和精神生活不断发展、进步的状态。

3. 文化和文明的关系

文化和文明都是人类在实践活动中创造的社会现象,随着社会经济基础发展而不断变化,同时,又积极反作用于人类的社会实践和社会生活。

相对文明来说,文化产生的时间更加久远,文化是反映人类创造的一般成果,而文明是人类所创造的进步和有积极意义的成果,文明是积极的、进步的文化。

(二)精神文明与先进文化

1. 精神文明

精神文明是指人们改造主观世界的社会精神生活积极成果

的总和，与物质文明相对，主要表现为文化方面和思想方面。文化方面主要包括社会的文化、知识专题、科学、教育、文学、艺术、卫生、体育等各项事业的发展程度以及与此相对应的物质设施、机构的发展规模和水平。思想方面包括社会的政治思想、道德面貌、社会风尚和人们的世界观、理想、情操、信念以及组织性、纪律性的状况。

精神文明以相应的物质文明为基础，它的性质是由生产方式所决定的。同时，精神文明也有力地促进了物质文明的发展。两种文明互为条件，相互推动社会进步和文明程度，表现为两种文明的统一发展程度。

2. 先进文化

马克思主义认为，判断一种文化是否具有先进性的根本标准是该文化是否有利于社会生产力的解放和发展。当代中国先进文化的内涵表现在以下几个方面：(1)应该是以马克思主义为指导，以培育有理想、有道德、有文化、有纪律的公民为目标，发展面向现代化、面向世界、面向未来的，民族的、科学的、大众的社会主义文化；(2)应该是科学的、健康的、符合最广大人民群众根本利益的、代表未来发展方向和有利于社会进步的文化；(3)应该是反映着先进社会生产力的发展要求，是能够冲破人们的旧思想、旧观念、旧理论、旧习惯，促进新思想、新观念、新道德、新思维方式的形成与发展的文化。

(三)农村文化与乡风文明建设

1. 农村文化的内涵

一般来说，农村文化有广义和狭义之分。广义的农村文化是指农民世世代代、生生不息共同创造的精神财富，是农民赖以生存和发展的物质和精神基础。狭义农村文化是指在一定的社会经济条件下形成的以农民为载体的文化，它是农民的文化水平、思想观念以及在漫长的农耕实践中形成并积淀下来的认知方式、思维模式、价值观念、情感状态、处世态度、人生追求、生活方式等深层心理结构的反映,它表达的是农民心灵的世界、人格特征以及文明开化程度。

2. 农村文化的特点

(1)乡土性

对于聚族而居的中国农民,村落是他们的生产场所,他们耕种一定范围的土地获取生存资源,并且围绕着耕种的特点和季节性进行劳作。同时,村落也是他们的一种社会环境,在他们自己的乡村中,有熟悉的同族、亲戚和邻里,有密切的社会交往关系,而离开乡村外出时,面对一个完全陌生的世界和人群,很难找到自己的位置。他们对于外部世界,既不熟悉,又不信任,在新的环境中往往感到失落和苦恼,而且外界社会也不一定接受他们。这样就形成了农民和家乡、土地难以割舍的情结。

(2)封闭性

著名社会学家费孝通认为:“乡土社会是安土重迁的,生于斯、长于斯、死于斯的社会。不但是人口流动很小,而且人们所取给资源的土地也很少变动。”由于生产方式、交通条件等的限制,农村居民大多闭塞于乡村一隅,很少与外部世界接触。农民相对集中在一块土地上,吃穿等所需物质生活资料基本上自我生产,达到一定水平的自给自足,对外界需求甚少,逐渐地就封闭了起来,而且不少村落远离市镇,交通条件不便利,和外部世界没有什么经济的、文化的、人际的常规性联系,更强化了其封闭性。

(3)宗法伦理性

宗法伦理是指农民把自己从属于家庭和宗族的一种血缘群体观念。群体的目标高于个人目标,个人依附于群体而存在。在一个家庭里,家长说了算,在一个家族里,族长起着主导作用。宗法伦理的深刻影响,使得农村社会不但纯粹血缘关系的群体靠以“礼”为核心的封建文化道德体系维系,而且非血缘的人际关系也依附于此。长期流行于中国农村社会的开香堂、拜师傅、认师兄弟、结义兄弟的关系等，就是血缘的宗法伦理的外化表现形式。宗法伦理观念有利于增强民族、国家和家庭的凝聚力，但它的消极作用是主要的，如压抑了个人的发展，容易形成任人唯亲等。

(4)保守性

传统农民的心理和行为是比较保守的、稳定的、务实的。我国大多数农民历来是小私有者、小生产者，在小规模经营形式下，产出极为有限，常常是丰年刚够，歉年不足，没有必要的积累，减弱了他们承受风险的能力。因此，他们对任何新的东西和生产中的技术改革往往抱着怀疑和观望的态度。另外，农民整体文化水平较低，接触外界较少，缺乏预测社会变动所带来的后果所必需的知识。这样就形成了农民不玄想、安于现状、不尚开拓的文化心理。

(5)平均主义与满足感

“平均”一直是中国农民追求的理想状态，“不患寡而患不均，不患贫而患不安”。中国农村人多地少，生产力水平低下，农民期望通过平分土地来维持生活、获取平等地位。平均主义还表现在传统农村财产继承上的众子平分制上。由于生产水平低下，社会财富缺乏，农民的欲望很低，旧时的中国农民往往满足于“日求三餐，夜求一宿”“三亩地一头牛，老婆孩子热炕头”的温饱生活，而不是追求更多的物质享受。正如马克斯·韦伯说的那样，旧时的农民已是“颐享天年、寿终正寝”。因为他们是处在生命的生物周期之中，到他们的垂暮之年，生活已把自身的一切意义都给予了他们，不再存在任何他们还想解开的谜，所以，他们可以对生活感到满足。在那样的社会中，没有丰富多样的文化潮流冲击，他们自认为该经历的都经历了，该享受的都享受了，所以对生活充满了满足感。

(6)经验思维

经验思维是对农业自然经济和手工操作方式的反映。因为这样的生产活动没有科学技术的指导，没有更新的生产手段，只能是靠经验的积累来完成。在变化十分微弱的社会里,经验是人们遵循的基本原则,人循人,子循父,一切都是效法祖先,对来自外界的信息很难接受。正如费孝通所指出的,“个人不但可以信任自己的经验,而且同样可以信任若祖若父的经验。一个在乡土社会里种田的老农所遇着的只是四季的转换,而不是时代变更。一年一度,周而复始。前人所用来解决生活问题的方案,尽可抄袭来作自己生活的指南。”传统的农民相信前人和自己的经验,自己的亲身观察和实践。凡是未经前人经验或亲身实践所证实的,他们往往抱有怀疑的态度。传统农民是天然的经验主义者。

3. 乡风文明建设

乡风就是乡土风俗,是人们在日常的物质生活和精神生活中形成的习惯。目前,在农村许多富于道德情感的淳朴的文明乡土民俗依然存在。

文化有其自身发展的规律,文化需要人们去创造、促进和建设,只有这样,才能更好地发挥文化的凝聚、整合、同化、规范社会群体行为和心理等功能和作用,促进文化的进步和发展。文化建设就是人们自觉地、主动地、有目的地去推进文化变化发展的具体行为和过程。为了更好地维护和弘扬传统文明乡风,我们应该加强对广大农民进行有关传统美德教育和优良文明乡风教育。通过农村乡风文明建设能够提高农民的综合文化素质,有效地促进农村经济发展和社会进步,实现农村物质文明、政治文明和精神文明协调发展,将极大地推动社会主义新农村建设和小康社会宏伟目标的实现。

二、乡风文明建设的意义

目前,农村文化发展的滞后日益阻碍农村经济社会发展,加强乡风文明建设是农村社会发展的迫切需要,是我国农村现代化建设的政治保证、精神动力和智力支持。加强农村文化建设对于促进农村经济社会的可持续发展、全面建设小康社会具有十分重要的意义。加强农村文化建设是乡风文明建设的战略引导。

(一)加强农村文化建设是促进农村可持续发展的现实需要

近年来,"三农"问题一直困扰和阻碍着农村经济社会的发展。解决"三农"问题的重要手段就是要大力发展生产,增加农民收入。社会主义新农村建设是党和政府有效解决"三农"问题的新举措,其核心是要以农民为主体,从农民需要出发,大力发展农村物质文明建设,努力加强农村精神文明建设,推动农村社会现代化建设和全面建设小康社会。

农村社会现代化建设既是经济增长和社会财富增长的过程,同时又是农村精神文化建设的过程,是农村经济与社会的协调发展和全面进步的过程。农村社会现代化实际上就是农民现代化的过程,因为农民是农村现代化建设的主体。因此,只有大力加强农村文化建设,提高农民综合素质,培养新型农民,建设文明乡风,优化农村社会人文环境,才能有效地保证农村物质文明建设的持续、健康、快速发展,促进农村物质文化与精神文化的协调发展、共同进步,有利于农村以及整个社会的稳定与发展,最终促进农村可持续发展。

(二)加强农村文化建设是顺应时代发展的要求

随着世界经济贸易的发展以及科学技术的飞速进步,全球化日益成为世界历史发展的潮流。全球化不仅深刻地影响着世界的经济发展,而且也必将对各国的政治、文化产生重大而深远的影响。在全球化过程中,一方面要使经济、政治、文化全球化和趋同化;另一方面又必须保持生产方式、经济体制、政治体制、文化传统和民族特性的多元化和本土化。只有这样,全球化才能促进发达国家和发展中国家和地区的共同繁荣和进步,才能真正地符合全人类的利益和发展。

在全球化的过程中,作为发展中国家,我们既要坚持中华文化的民族性,继承和发扬优秀的中华传统文化,同时,又要正确处理好文化的时代性和世界性的关系,吸收世界先进文化,不断创新和发展民族文化。

我国是一个具有悠久农耕历史的农业国家,农村文化是中华民族文化的重要组成部分,在全球化的背景下,为了继承优秀的传统文化以及实现中华民族文化的创新和发展,我们必须顺应时代发展的要求,加强农村文化建设,促进中华民族文化的发展和繁荣。

(三)加强农村文化建设是创造和谐社会的战略要求

财富的增长与精神文明的失调,导致社会的种种恶果是世界发展过程中留给我们的教训。我们国家出现的许许多多不和谐的现象也都与精神文明滞后有关。从这个意义上讲,加强农村文化建设是创建和谐社会的战略要求。

农村文化是社会主义文化的重要组成部分,在我们这样一个农业人口众多的国家里,农村文化水平影响着社会主义精神文明建设的进程,农村文化建设是我们进行社会主义文化建设的主战场。农村文化建设不但可以推动整个社会精神文明建设的发展,而且也能够有力地促进国民经济的发展和社会的稳定,因此,加强农村文化建设是我国社会主义现代化建设和全面建设小康社会的战略要求。

第二节　乡风文明建设的特点和基本内容

一、社会主义新农村乡风文明建设的特点

现阶段,我国农村正处于急剧的社会经济变化和社会转型期,农村文化也从传统文化向现代文化过渡和变迁,这就决定了在建设社会主义新农村的过程中,乡风文明建设也应该呈现出时

代的特点和民族特色。

(一)继承性与创新性

文化是人类在特定的时代、特定的地区的物质生活状况、社会风俗习惯、社会精神面貌、社会意识形态和社会组织机构等的集合和凝结,是社会物质财富和精神财富的总和,同时,人类文化的发展具有历史连续性和继承性。因此,发扬传统文化与文化的开拓创新是有机统一的,继承是创新的重要基础,创新是继承的必然要求。

目前,在我国农村许多富于道德情感的淳朴的文明乡风民俗依然保存着,在新农村的乡风文明建设中,我们既要从优秀的传统文化中吸取其精华,使之发扬光大,又要学习和借鉴一切先进文化,使农村文化不断得到创新和发展。只有这样,才能适应新时期农村社会发展的需要,更好地推动社会经济的发展和繁荣。

(二)多样性与地方性

我国地域辽阔、地理环境复杂、民族众多,从而使农村文化呈现出多样性的特征。同时,我国农村文化又极具地方特色,呈现出明显的差异性、民族性、地域性等特点。因此,我们建设社会主义新农村的新型文化不可能采取“大一统”的模式,而应该坚持多样性和兼容并蓄的方针,同时,又要尊重各地方的民族特色文化。

(三)主体性与实用性

农村文化是在广大农民群众的长期社会实践中发展起来的,亿万农民群众及其社会实践是新农村文化建设的主体和重要载体。在社会主义新农村文化建设中,农民群众不但是新农村文化的创造者,同时,又是新文化的享有者。因此,在新农村文化建设中,必须充分尊重和发挥广大农民群众的主体地位,充分发挥他们在新农村文化建设过程中的积极性和主动性。

(四)开放性与先进性

文化一方面具有强烈的历史继承性,另一方面又具有明显的变迁性和时代性。尤其是随着现代社会经济的发展、科技的进步以及信息传播的迅速发展,文化变迁越来越明显并呈加速态势,而且日益呈现出越来越开放的局面。因此,在当代,农村文化的建设要主动吸收和借鉴各种不同的文化思想和外来文化,兼收并蓄形成独特的富有时代性、开放性的新农村文化。同时,农村文化建设要始终坚持先进文化建设的方向,倡导健康文明新风尚。

大力弘扬以爱国主义为核心的民族精神和以改革创新为核心的时代精神,激发农民群众发扬艰苦奋斗、自力更生的传统美德,为建设社会主义新农村提供强大的精神动力和思想保证。

二、社会主义新农村乡风文明建设的基本内容

(一)培育新型农民与加强农民教育

无论是发展生产,还是增加收入,无论是推动民主管理,还是实现乡风文明,农民的素质都是最基本的条件。建设社会主义新农村就是要解决农业、农村和农民问题,特别是要解决好农民增收、农民权益问题。这是新农村建设的基本出发点和最终归宿。

要实现这样的目标,不造就千千万万高素质的新型农民是不可想象的。因此,依托产业发展对农民开展农业实用技术培训和职业技能培训,同时,积极引导和教育农民遵纪守法、提高修养、崇尚科学、移风易俗,使之成为“有文化、懂技术、会经营”的新型农民,为推进农村产业结构调整,加快农业产业化进程,增加农民收入提供智力支持和人才保障这是新农村建设最本质、最核心的内容,也是最为迫切的要求。

(二)加强农民思想道德建设

农民思想道德建设作为传统文化道德与当代中国社会发展

状况的结合，是我国社会主义新农村乡风文明建设的重要内容。农民思想道德建设是农村精神文明建设的核心内容和中心环节。

农民思想道德建设要从农村和农民实际出发，要大力弘扬民族精神和时代精神，坚持不懈地进行党的基本理论、基本路线、基本纲领教育，进行爱国主义、集体主义、社会主义教育，进行正确的世界观、人生观、价值观教育，引导农民群众坚定走中国特色社会主义道路的理想信念。同时，引导农民群众发扬中华民族艰苦奋斗、自强不息的优良传统，以诚实守信为重点，积极倡导社会公德、职业道德、家庭美德。发扬与时俱进、改革创新的时代精神，增强发展意识、效率意识、竞争意识，推动实施公民道德建设工程，促进农村形成团结互助、扶贫济困、平等友爱、融洽和谐的良好风尚。

（三）加快农村科技发展

农业是农村的主要产业，是农民收入的基本来源，建设现代农业对发展农村经济和增加农民收入具有十分重要的意义。因此，农业的发展是促进我国“三农”（农业、农村和农民）问题解决的主要措施。在影响农业发展的因素中，科技的作用无疑是最大的。与农业科技的发展相对应，农村发展中的人和物等其他的因素都是在此基础上所产生或是与此相关的，如科技的发展使得劳动者的素质提高、劳动对象扩大，使得农业的规模经营产生、产业结构调整成为可能，等等。科技在促进农业发展的同时，也对农村和农民的发展产生巨大的作用。因此，新时期农业和农村科技的发展是我国“三农”问题解决的突破口。

（四）继承和创新农村民俗文化

继承自己过去的优秀民俗文化传统，学习外来优秀民俗文化的有益成分，才能造就我们今天新的民俗文化。因此，正确认识处理好继承优秀文化传统与实现民俗文化创新的关系，大力提倡和推进文化创新，努力建设具有鲜明时代精神的当代新民俗，以及坚持对外开放与保持民族文化独立品格的关系,努力建设具有中国气派、中国风格的当代民俗文化,是摆在我们面前的艰巨任务。

(五)加强农村法制建设

社会主义和谐社会的一个重要标志,就是社会稳定、人民安居乐业。建设社会主义新农村,是贯彻落实科学发展观的具体体现。作为农业大国,加强农村法制建设,搞好农村社会治安秩序稳定与良性发展,对于维护农村政治安定、社会稳定,保证农村改革和经济发展的顺利进行,对于建设社会主义新农村,构建社会主义和谐社会有着重要的实践价值。

(六)大力推进农村文化建设

农村文化体制的转换和建设,为社会主义新农村文化建设提供了新动力和制度保障。农村文化建设还要重视和培育内生机制。农村文化建设是一项社会系统工程,只有齐抓共管,形成合力,才能改变目前的一些被动局面。

第三节　乡风文明的建设路径

一、乡风、家风、民风齐抓共管

十九大报告中提出了“实施乡村振兴战略”,并明确“产业兴旺、生态宜居、乡风文明、治理有效、生活富裕”为总要求。这是新时代新农村的新蓝图,乡风文明成为实施乡村振兴战略的重要内容之一。因此,以好家风涵养民风,让好家风促乡风文明变得更加重要。要坚持物质文明和精神文明一起抓,注重培育文明乡风、良好家风、淳朴民风,不断提高乡村社会文明程度。

(一)打造淳朴文明的良好乡风

乡风是指长期依托某农村区域形成的一种共有的区域特色、思维方式以及历史文化传统的乡村文化。随着农村经济的发展,人们物质生活水平的提高,广大农民群众对精神文化有了更高更多的需求。

文明乡风是实现农业农村现代化的重要支撑。培育文明乡风,有利于营造宽松、文明、充满活力的经济发展环境,增强对各种生产要素的吸引力;有利于凝聚精气神,点燃干事创业的热情,增强农民群众团结一致、努力拼搏的信心。文明乡风是实现农村和谐稳定的重要保证。文明乡风能优化农村人文社会环境,激励人们崇德向善、孝老爱亲、爱国爱乡,促进社会和谐稳定。实践证明,培育文明乡风,有助于改变广大农民的精神风貌,使农村更加充满生机活力;有助于促进社会公平正义,营造和谐有序的社会环境;有助于形成健康文明的生活理念和生活方式,促进人的全面发展。我们可以通过以下两个方面来打造淳朴文明的良好乡风。

1. 大力培育和践行社会主义核心价值观

社会主义核心价值观是当代中国精神的集中体现,凝结着全体人民共同的价值追求。培育文明乡风,就要将社会主义核心价值观融入农村精神文明建设的方方面面。

第一,融入村规民约。要根据社会主义核心价值观制定或修订完善村规民约,让社会主义核心价值观有效引导和规范农民群众行为。

第二,融入各项群众文化活动。运用群众喜闻乐见的形式,广泛开展健康向上的文化活动,使广大农民群众在潜移默化中受到社会主义核心价值观教育。

第三,融入农村思想文化阵地建设。大力推动村民中心、文化广场、村综合文化服务中心建设,让这些思想文化阵地成为宣传社会主义核心价值观的有效载体。

2. 扎实开展形式多样的乡风文明建设活动

风俗正而民风清，民风清而风气明。要以习近平新时代中国特色社会主义思想和十九大精神为指引，不断坚定文化自信，传承发扬优秀传统文化和现代文化，积极顺应农民群众对文化生活的热切期盼，大力发展雅俗共赏、丰富多彩、富有特色和时代特征的农村乡土文化。积极挖掘、整理和保护好具有地方特色的民间艺术，延续历史文脉，把美丽乡村建设成有历史记忆、地域特色、乡土气息的文化之乡。以系列文明创建活动为载体，文明乡风需要通过各种丰富的文明创建活动来推动形成。要因地制宜，不断探索，勇于创新，紧密结合社会主义核心价值观，从优秀传统文化中汲取营养，大力弘扬诚信友善、爱国敬业、尊老爱幼、扶弱济困、公平正义等美德，使好的家风渗透到农村日常生产、生活各个领域，润泽广大党员干部和百姓，以形成文明乡风。[①]

在实施乡村振兴战略的时代背景下，打造淳朴文明的良好乡风，是乡村振兴战略总要求的有力抓手。要结合农村实际，满足农民群众文化需求，让乡风文明在农村开花结果。积极培育文明乡风，提高乡村社会文明程度。

(二)传承好家风，争做文明人

家风，简言之，就是一个家庭的传统和风气，或者说是家庭的文化氛围，通常是指一个家庭在长期发展过程中遵从优良传统、吸纳优秀文化而形成的，指导家庭成员做人做事的价值观念和行为准则。家风作为一个家庭为人处世的价值标准，对乡风文明影响深远。习近平总书记对家风问题非常重视，指出："家风好，就能家道兴盛、和顺美满；家风差，难免殃及子孙、贻害社会。"调查发现，一个家风传承良好的农村社区，总是洋溢在一种老人祥和、子女

① 邯郸冀南新区林坛镇．好家风培育文明乡风[N]．邯郸日报，2017-7-11.

孝顺、家业兴盛、邻里和谐的氛围之中，其中浸润着令人艳羡的文明乡风。

1. 良好的家风能形成风清气正的社会风气

自古以来，“修身、齐家、治国、平天下”的传统信条以自我完善为基础，通过管理家庭和治理国家，直到天下太平，是几千年来中国人的最高理想。其中，“修身、齐家”是“治国、平天下”的基础。显而易见，如果每个家庭的“家风”都很正，从这些家庭成长起来的人也会很正，再放之社会，就能形成风清气正的社会风气。

2. 优秀传统家风能增强群众的家园归属感，引导全乡群众向善向上向好，促进乡村文明

“传承好家风，是传承优秀传统文化的一部分……对优秀家风文化及身边优秀家庭的挖掘，为乡风文明建设和乡村治理提供了有效的抓手和载体。”①家风既是一个家庭的传统和风气，也是党风廉政建设的“晴雨表”。一个好的家庭，应该要有好的家风。因为良好的家风会内化为一种潜在动力，使我们今后的人生道路越走越宽。良好的家风，往往来自良好的家训。中国古代家训史源远流长，包罗万象，广泛涉及个人修身、齐家以及治国平天下等方方面面。这些优秀的、闪耀着中华民族智慧的精神遗产，体现了中国传统伦理文化的基本精神、价值取向和人文关怀，对我们当代的思想品德教育同样具有极强的借鉴价值。我们要将传承良好家风、家训、家规与践行社会主义核心价值观有机统一起来。在社会主义核心价值观个人层面“爱国、敬业、诚信、友善”的规范中，就体现出对我们良好家风、家训、家规的培育和要求。要恪守这些基本道德准则，我们就应当从回味和传承良好的家风、家训、家规做起。

① 乡风文明建设和乡村治理的贾河范本——一个小乡镇实施乡村振兴战略的有益尝试[N]. 静宁县人民政府网，2017-12-22.

(三)抓民风建设,促乡风文明

厚养淳朴民风,能够促进乡风文明建设。要深入挖掘农耕文化蕴含的优秀思想观念、人文精神、道德规范。支持农村地区优秀戏曲曲艺、民间文化等传承发展。建立文艺结对帮扶工作机制,深入开展文化惠民活动,持续推进移风易俗,弘扬时代新风,遏制大操大办、厚葬薄养、人情攀比等陈规陋习。

1. 深化移风易俗行动,崇尚科学文明生活方式

第一,要持续深化移风易俗行动,健全完善乡规民约、红白事理事会等,广泛开展道德评议、村民评议等活动,推动形成勤俭节约、尊老爱幼、崇尚科学的文明生活方式。发挥农村优秀基层干部、乡村教师、文化能人等新乡贤的带头示范作用,大力营造风清气正的淳朴民风。

第二,运用农民文化礼堂、道德讲堂等开展思想政治教育和科学文化知识普及等活动,不断提升农民的道德修养和科技文化素质。向陈规陋习挥手作别,让文明之风盛行乡里,对老家规、老族训予以挖掘、保护、提炼和传承,形成全体村民认同、具有本村特色、符合村情民意的村规民约,让老家规再次焕发出新活力。①

第三,要采取多种方式方法引导、教育农民,比如举办农民喜闻乐见的文化活动、文艺表演,利用农民身边的典型宣传农村传统美德与传统文化,有条件的地方还可以定期播放一些乡风文明宣传片等,使农民逐步形成良好的生活、行为习惯和蓬勃的精神风貌,营造出平等友善的和睦村风,让文明乡风助力乡村振兴。

第四,要在深化星级文明户、文明家庭评选以及文明村镇创建活动上下功夫,投入足够的财力,使这些活动成为乡风文明建设的有力抓手。

第五,要坚持以社会主义核心价值观为引领,在宣传展示家风、家训、家规以及传承发展提升农村优秀传统文化上出实招、树

① 赣州市大余县．文明引领释放乡风民风之美[N]．中国文明网,2018-3-19.

典型，使之成为广大农民群众修身齐家的不竭动力和源泉。

2. 坚持法治先行，在法治育人上抓培训

第一，深入开展普法教育活动，组织群众参加法制教育培训，培育"农村法律明白人"，组织群众观看反邪教影片，发放各类宣传资料等，引导村民学法、用法、遵法、守法；组织专人察访民情民意，及时了解村民的所思所想，及早化解矛盾纠纷，及时制止危害社会的不良风气。

第二，实现无群体上访，无刑事和治安案件，无民族宗教矛盾，人民群众安居乐业，幸福指数不断提高。使法治、德治和村民自治有效结合，提升干部群众的综合素质，文明乡风建设成效日益显现，形成文明办丧事、节俭办喜事的风气，各类农村精神文明建设先进典型层出不穷，在推进移风易俗、树立文明乡风工作中起到很好的示范带动作用。乡亲们不再攀比，民风更容易形成，对民风的改善起到积极的引领和推动作用。

3. 村规民约提升民风

村规民约是村民自治组织依据党的方针政策和法律法规，结合本村实际，为维护本村的社会秩序、公共道德和村风民俗而制定的、为全体村民所认同的、约束和规范村民行为的一种规章制度。每个村的村规民约在乡风文明建设方面都发挥了很好的促进作用。尽管村规民约缺乏相应的处罚权，但对村民的言行仍然具有很强的约束性。依据村规民约，村委会可以通过星级管理公示、取消有关福利待遇等方式，彰显遵规守约的荣光，导引民风的走向。

在农村传统文化方面，如何厚养淳朴民风，需要具体问题具体分析，可能会有继承、有吸收、有发扬，也可能会有摒弃、有改善或者是创新。具体到当下实际，我们要在农村倡导尊老爱幼、邻里团结、遵纪守法的良好乡风民俗，用文明言行来抵制各种歪风邪气，抓好农村移风易俗工作，坚决反对铺张浪费、婚宴大操大办等陈规陋习,消除各种丑恶现象,树立文明新风,全面提升农民素质,提高农村社会的文明程度,形成团结、互助、平等、友爱的人际关系,构建和谐家庭、和谐村组、和谐村镇,打造农民有情节可安放、有乡愁可寄托的精神家园。喜事新办、丧事简办成为群众共识。①

总之,厚养淳朴民风,固然需要我们注重从乡村社会之外引入文明新风,但也要意识到,乡村社会自身蕴藏着许多优秀传统文化。只要精心发现和用心开发,并加以创造性转化和创新性发展,农村精神文明建设的空间将变得更加宽广。特别是由于这些传统文化一直栖身于乡村社会,长期存在于乡民生活之中,因而从这些传统文化中培育出来的乡风,无疑与农民的相容性及其在农村的生命力都更强。从古至今中国素有"礼仪之邦"的美誉,因此,开展必要的礼仪活动,不仅具有凝聚精神的功能,还能够规范人们的一言一行。要深入挖掘优秀传统农耕文化蕴含的思想观念、人文精神、道德规范,培育挖掘乡土文化人才,弘扬主旋律和社会正气,提高乡村社会文明程度,焕发乡村文明新气象。② 坚持惠民利民,在群众致富上重实效。严格落实便民服务室监管机制,对群众诉求和办理事项实行"一站式"服务,确保惠民政策的公平、公正落实。要推动乡村生态振兴,坚持绿色发展,加强农村突出环境问题综合治理,推进农村"厕所革命",完善农村生活设施,打造农民安居乐业的美丽家园,让良好生态成为乡村振兴的支撑点。

二、加强道德建设、公共文化建设

乡风文明表现为农民在思想观念、道德规范、知识水平、素质修养、行为操守,以及人与人、人与社会、人与自然的关系等方面继承和发扬民族文化的优良传统,摈弃传统文化中消极落后的因

① 朱启臻．乡风文明是乡村振兴的灵魂所在[J]．农村工作通讯,2017(24):33-34.

② 张莹．让文明乡风助力乡村振兴[J]．农村工作通讯,2017(22):22.

素，适应经济社会发展，不断有所创新，并积极吸收城市文化乃至其他民族文化中的积极因素，以形成积极、健康、向上的社会风气和精神风貌。习近平总书记指出，要推动乡村文化振兴，要加强农村思想道德建设和公共文化建设。2018年中央一号文件明确指出，实施乡村振兴战略，要繁荣兴盛农村文化，焕发乡风文明新气象。“仓廪实而知礼节，衣食足而知荣辱。”乡村振兴，既要发展产业、壮大经济，更要激活文化、提振精神，两者缺一不可、不可偏废。①

（一）加强农村道德建设

1.“富口袋”的同时也要“富脑袋”

我们要在解决“富口袋”的同时，加快“富脑袋”，使得群众的物质、精神文化生活更加富足。现阶段，我国农村道德建设滞后，精神文化生活比较匮乏，赌博盛行，城镇化让工业文化、城市文化快速进入农村，一定程度上冲击甚至切断了乡土文脉，导致乡村文化“水土流失”。

随着电脑、互联网和智能手机的普及，许多新生代的农村子弟也用起了QQ、微信等即时通聊天工具，这本身无可非议，但就农村而言，却是有利有弊。大约从2014年开始，微信在农村的青年男女当中也流行起来。但是因为有些乡村比较偏僻，网络信号在个别地段时断时续，而这并不影响微信的流行，村民们除了抢红包，还会用微信通联外界。但是他们对网络诈骗的防范意识基本为零，上当受骗的事情时有发生。对于大多数文化素质不高的村民而言，村里的娱乐方式大多是单调的麻将与纸牌。家里往往是年长者弓腰驼背操持家务、照看孩子，而坐在牌桌上的大多是一群身强体壮的中年男女和敢于下赌注的年轻人，这种风气在今天的农村很普遍。特别是春节期间，从大年初一到元宵节，是农

① 徐补生．让好家风促乡风文明[N]．山西日报，2017-10-30.

村赌博牌局最火爆的时间。走亲串门的人也多起来,新旧牌友们汇聚一堂,不分白天黑夜地“厮杀”,一天动辄便是成千上万元的输赢,这或许就是一年来辛辛苦苦打工的血汗钱。农村的虚荣攀比之风越来越盛,放鞭炮要攀比,临近春节,许多农户无论贫富都要购买烟花爆竹,每户花销少则三五百元,多则超过千元。修房子、嫁娶、过生日做酒席要攀比,连办丧事也要攀比!比谁家排场大、亲戚多,谁又请了几套戏乐、花鼓,葬礼不再是逝者的哀悼会,而是吃喝玩乐的派对。[①] 种种现象来看,农村道德建设迫在眉睫。

2. 要传承优秀传统文化

例如,乡贤热爱家乡造福桑梓的传统、邻里守望相助的传统、村民敬老爱幼的传统等,所有这些都蕴含着积极健康的价值观,如何运用这些价值观强化广大村民的集体意识和行为,需要加强农村精神文明建设。大力弘扬和践行社会主义核心价值观,发挥道德的引导作用,积极发扬农村传统文化品德,倡导为他人服务的集体主义价值观;还要开展移风易俗行动,加强农村思想道德建设,摈弃和打击庸俗文化、低级文化、色情文化等不健康的文化因素,积极监管和取缔打牌赌博、封建迷信、邪教信仰等不健康的文化活动,引导农民积极向上,努力提升农民精神风貌,让文明新风滋润乡村大地,使乡村文化重新绽放绚丽异彩,吸引更多的人回到乡村、建设乡村、繁荣乡村。

3. 将“德”衍化为群众的自觉行动

培养高尚的道德是移风易俗、践行社会主义核心价值观的第一步。要从讲、看、听、行入手,着力让“德”融入群众的精神世界,衍化为群众的自觉行动。讲,让德无处不在。“领导干部带头讲、宣讲小组巡回讲、农村喇叭经常讲、新兴媒体随时讲”等多种宣讲

① 李明.传承优良家风民风记住美丽乡愁[J].四川省社会主义学院学报,2017(2):61-64.

方式并行推进，使宣讲做到理论深刻又通俗易懂，有力增强群众的价值判断力和道德责任感。看，让德触目可及。在显要位置设置靓丽醒目的大型道德公益广告展板，彰显厚德文化；在城区以打造核心价值观一条街为重点，大力宣传、引导人们崇德向善；在乡村以道德为主题，绘制富含历史底蕴的文化墙，打造一道文化长廊。听，让德声声入耳。全县各单位、各乡镇开办“道德大讲堂”，结合各自工作，围绕孝、仁、善、贤讲德传德并改进工作；乡村要全部开办“农村道德讲习所”，通过“身边人讲身边事、身边事育身边人”传道育德，讲授移风易俗知识，使群众学有榜样、赶有目标。行，让德如影随形。促落实要求，创新教育载体。[①] 要于细微处传德、于默化中行德，推进乡风文明建设。

（二）强化公共文化建设，走文化兴盛之路

乡村文化振兴，需要推动公共文化建设，以社会主义核心价值观为引领，深入挖掘优秀传统农耕文化蕴含的思想观念、人文精神、道德规范，培育挖掘乡土文化人才，弘扬主旋律和社会正气，改善农民精神风貌，提高乡村社会文明程度，焕发乡村文明新气象。“仓廪实而知礼节”，物质文明的进步需要精神文明同时跟上。实施乡村振兴战略，乡风文明不能落伍。而如何建设乡风文明，营造淳朴友善乡村文化，是新时代的新课题。

习近平总书记强调：“优秀传统文化是一个国家、一个民族传承和发展的根本，如果丢掉了，就割断了精神命脉。”乡风文明骨子里继承和渗透了传统文化，这个与生俱来的基因是人所共知的事实。习近平总书记指出：“要从弘扬优秀传统文化中寻找精气神。”今天我们正在进行和深化的乡风文明建设，当然应该从传统文化中汲取营养，不断激活其中的有益成分，使之服务于社会主义新农村建设。激活传统文化，滋养文明乡风，关键在于创造性转化、创新性发展。

---

① 河北省文明办．南和县以德亮风助推乡村精神文明建设[N]．河北文明网，2017-8-5.

乡风文明本身就是中华优秀传统文化的重要组成部分,为弘扬中华优秀传统文化提供了一个传承载体。在中国传统的乡村治理中,形成了"皇权不下县"的社会治理结构,自古以来,乡村就是依靠传统道德观念、村规民约自治系统进行治理,形成很多道德教化,乡风文明得到彰显。随着城镇化进程的加快,人才、信息、技术、文化等在城乡之间快速流动,一些低俗的文化反而在部分农村地区快速膨胀,金钱观念变得越来越重,人情往来变得越来越淡薄,原来的邻里互助变成了有偿服务,人情往来变成了金钱往来,有的兄弟、父子甚至为了利益大打出手等。对生产的发展也成了竭泽而渔,田毁了、树砍了、塘填了……生态文明不断被破坏。在当前的历史条件下,中国的乡村治理体系是法治前提下的乡村自治模式。但很多事仅靠法律的约束是远远不够的,所以,十九大报告指出,要坚持依法治国和以德治国相结合。而随着社会的发展和经济的增长。在公共场所中大声喧哗、排队不遵守秩序、随地吐痰、"出口成脏"等现象还是屡见不鲜。值得欣慰的是,随着新农村建设进程的不断推进,各个乡村地区逐渐出现了很多新礼仪,并且不断在农村地区流行。如 2016 年,山东费县为了积极营造移风易俗的良好氛围,对殡葬实施了改革,主要包括四项内容:一是倡导简办丧事,反对乱埋乱葬和铺张浪费,提倡以科学、健康、文明的方式告慰逝者;二是倡导移风易俗,鼓励文明祭扫,要求文明、低碳祭祀,不可在林地、山地、水源地、景区焚烧冥纸;三是倡导厚养薄葬,弘扬传统美德,提倡从俭治丧,文明祭祀;四是鼓励积极参与革命先烈扫墓、网上祭奠英烈等活动,缅怀革命先烈。虽然起初执行农村殡葬制度改革难度较大,但是通过当地治丧委员会和村党支部书记的不懈努力,逐渐得到了群众的理解和支持,确保了所有丧事均按照标准执行。

1. *要加强农村文化基础设施建设,不断丰富农村公共文化活动*

重视乡村社会文化基础设施建设,就需着力推进乡村社会文化站、文化广场、农家书屋、农民体育健身、民俗博物馆、农村文化综合服务中心等文化设施建设;还要将乡风文明建设与群众文化活动紧密结合起来,落实国家送戏下乡、送书下乡、送电影下乡等活动,不断丰富群众的文化生活,推动乡风文明传播,将乡村建设成为广大农民群众的精神家园、人文家园、和谐家园。丰富文化活动载体,弘扬农村优秀传统文化,可以更好地满足人民群众日益增长的精神文化需求。乡村文化振兴的突破口在于,瞄准重点人群,聚焦突出问题,回应现实需求。乡村社会的重点人群是常年在村的老弱妇孺群体,也就是俗称的"三留守"人员。他们是乡村社会中相对弱势的群体,与外出务工经商的青壮年群体又有着紧密的社会关联。他们有丰富的闲暇时光,旺盛的文化生活需求,他们的精神面貌和文化生活质量直接关系到其他群体的生活品质乃至人生预期,并直接影响着乡村社会的文明程度。以他们为重点人群,乡村文化建设就有了实实在在的抓手和载体。他们的需求便是最需要回应的需求,他们反映的问题便是最突出的问题。最主要的两点:一是从具体的移风易俗入手,遏制赌博、大操大办、低俗仪式等歪风邪气,弘扬积极健康的文化风气;二是通过基层组织将老人、妇女等组织起来,自己动手开展形式多样的文化活动,丰富闲暇生活,彻底改变农民有钱有闲却没意思的精神文化生活的匮乏状况,从根本上阻断低俗文化甚至邪教传播的渠道。按照有规划、有标准、有硬件、有内容、有队伍的目标,健全农村公共文化服务体系,按照片区化建设的思路,统筹临近乡村资源,进一步推进农村基层综合性文化服务中心建设,实现农村公共文化服务全覆盖,不断提升服务效能,优化服务质量。深入推进文化惠民,积极打造文化服务品牌,公共文化资源向乡村倾斜,提供更多更好的农村公共文化产品和服务。围绕乡村振兴战略,支持和鼓励相关题材的文艺创作,创造更多更好的弘扬时代旋律、反映农民心声、贴近农村实际、贴近农民生活的优秀文艺作品,丰富农民的文化生活,提振农民群众的精神面貌。通过实施一系列公共文化建设工程,促进街道文明程度的全面提升和各项事业的稳步推进。

2. 要以弘扬优秀传统文化为依托

优秀传统文化资源是培育文明乡风的土壤。要积极开展各种乡村文化节庆活动,打造特色乡村文化品牌,在保护传承的基础上,创造性转化、创新性发展,不断赋予优秀传统文化时代内涵、丰富表现形式;加强对优秀传统文化的整合利用,深入挖掘其中蕴含的优秀思想观念、人文精神、道德规范,充分发挥其在凝聚人心、教化群众、淳化民风中的重要作用;深入开展"我们的节日"主题活动,利用重要传统节日开展民俗文化活动,让人们在感受乡情中传承优秀文化、弘扬文明新风。乡村社会自身蕴藏着许多优秀传统文化,只要精心发现和用心开发,并加以创造性转化和创新性发展,农村精神文明建设的空间就能变得更加宽广。

3. 要突出文化共享,开展丰富的群众文化活动,打造乡村文化聚合体与乡风文明新引擎

我们要紧紧围绕"用文化养人,以道德育人"的主题,打造村级文化堡垒、精神文明建设高地。一是夯实"文化小康"建设硬件基础,突出"文化共享"理念。二是以丰富的文化活动浸润群众心田,有效促进优秀传统文化浸润心灵、涵养人的精神内涵。三是有机融入社会主义核心价值观宣传,围绕加强"中国梦"宣传教育、培育和践行社会主义核心价值观等主题,结合乡村资源与特色,绘制一批贴近生活、导向鲜明、新颖活泼、群众喜闻乐见的"美德文化墙",使广大群众在潜移默化中得到熏陶,精神文化生活更加丰富多彩,脱贫致富路上更有奔头。

文化作为一种基本、深沉、持久的力量,为乡村振兴战略提供了精神激励、智慧支持和道德滋养。持续培育和践行社会主义核心价值观,有利于传承弘扬农村优秀传统文化、强化公共文化建设、走好乡村文化兴盛之路、不断提升农民的精神风貌和乡村社会文明程度。

三、传承中华优秀传统文化

"暖暖远人村,依依墟里烟。狗吠深巷中,鸡鸣桑树颠。"这不仅仅是千百年前五柳先生对令人怡然陶醉的田园生活景象的描写,其实也更是今天人们对乡村生活的美好向往和未来愿景。

(一)弘扬优秀传统文化是乡村振兴的必然要求

习近平总书记在十九大报告中提出了实施乡村振兴战略这一伟大事业的构想,这为我们今后一个时期加强农村思想道德建设和文化建设明确了目标和方向。

1. 乡村文化振兴是实施乡村振兴战略的题中之义

乡村振兴的总要求是"产业兴旺、生态宜居、乡风文明、治理有效、生活富裕"。要围绕破解人民日益增长的美好生活需要和不平衡不充分的发展之间的矛盾,既接续千年乡村文脉,又创造符合新农村、新农民特点的文化,就要着力满足乡村群众品质更高、样式更丰富的文化生活需求,加快缩小乡村与城市文化内容、共享方式、参与途径等方面的差距,实现城乡公共文化服务均等化、一体化,以文化的繁荣兴盛来推动乡村振兴。

2. 弘扬优秀传统文化是实现乡村文化振兴的重要路径

在乡村振兴战略中,对思想文化工作提出了四项具体任务,其主要内容如下:

(1)以社会主义核心价值观为引领,采取符合农村特点的有效方式,大力弘扬民族精神和时代精神。

(2)立足乡村文明建设,在保护传承的基础上,推动优秀传统文化创造性转化、创新性发展。

(3)健全乡村公共文化服务体系,公共文化资源要重点向乡村倾斜,提供更多更好的农村公共文化产品和服务。

(4)广泛开展群众性精神文明创建活动，丰富农民群众精神文化生活，提高农民科学文化素养。

3. 立足传统工艺振兴，推进创造性转化、创新性发展，带动农村变美、农民致富

传统工艺，具有历史传承和民族地域特色、与日常生活联系紧密，是创造性的手工劳动和因材施艺的个性化制作。传统工艺在形成发展过程中不是一成不变的，必须坚持创造性转化、创新性发展的方向，传承与发展传统文化，涵养文化生态。要通过传统工艺的振兴，更好地发挥手工劳动的创造力，发掘手工劳动的创造性价值，促进就业，实现精准扶贫，增强传统街区和村落活力，带动农村变美、农民致富。

4. 立足乡村文明建设，弘扬传统民俗，丰富节日文化，树立文化自信

传统民俗是中华文化历久弥新的见证，也是今天我们固本开新的精神动力。要以中国特色社会主义新时代这一历史方位为出发点，大力弘扬传统民俗中的爱国主义精神和伟大民族精神，积极倡导文明、和谐、喜庆、节俭的节日理念，努力发展健康向上的节庆文化。吸收精华、剔除糟粕后的传统民俗，是弘扬和培育乡风文明的重要载体，是满足人们精神文化生活需要的重要渠道。

(二)把优秀传统文化作为乡风文明之源

根据《中共中央国务院关于推进社会主义新农村建设的若干意见》，“乡风文明”主要指的是乡村文化的一种状态，是有别于城市文化，也有别于以往农村传统文化的一种新型的乡村文化。它表现为农民在思想观念、道德规范、知识水平、素质修养、行为操守以及人与人、人与社会、人与自然的关系等方面。

继承和发扬民族文化的优良传统，摈弃传统文化中消极落后的因素，适应经济社会发展，不断有所创新，并积极吸收城市文化

乃至其他民族文化中的积极因素，以形成积极、健康、向上的社会风气和精神风貌。适应社会的发展要求，能否打造美丽乡村，乡风文明建设具有举足轻重的作用。乡风文明的本质是弘扬社会主义先进文化、保护和传承中华优秀传统乡土文化。乡风文明是乡村振兴的保障。要不断提升农民的思想道德素质和科学文化素质，提振精神风貌，不断提高乡村社会文明程度，着力培育文明乡风、良好家风、淳朴民风。

建设乡风文明既是乡村建设的重要内容，也是中国社会文明建设的重要基础；乡风文明不仅是反映农民对美好生活的需要，也是构建和谐社会和实现强国梦的重要条件。乡村振兴，乡风文明是重要组成部分，更是重要保障。乡村文明其实就是社会主义精神文明在农村的具体化。在推动乡风文明建设过程中，必须坚持物质文明和精神文明一起抓，提升农民精神风貌，培育文明乡风、良好家风、淳朴民风，不断提高乡村社会文明程度。

实现乡风文明，农村思想道德建设是基础。国无德不兴，人无德不立。乡村振兴发展，更需要以农村整体思想道德水平的提升做基础，从农民群众日常生活中找准思想的共鸣点和情感的交汇点，培养教育正确的道德判断和道德责任，引导形成积极的道德意愿和道德情感，把社会主义核心价值观内化成农民群众的思想自觉和行为自觉。

实现乡风文明，传承优秀传统文化是关键。中华文明源远流长，历久弥新，孕育了丰富而宝贵的优秀传统文化。当前，广大农村依然保留着许多历史风俗和文化传统，充分保留地方地域特色，在扬弃中传承仁爱、忠义、礼和、谦恭、节俭等中华优秀传统文化，并阐释赋予新的时代价值和时代意义，主动让农村优秀传统文化与现代乡风文明发展融合一致，做到传承致远。

（三）优秀传统文化涵育现代文明乡风

文化的主体是人，乡村文化的主体是农民。乡村经济发展使农民的精神文化需求开始上升，但随着城市化的进程加快和乡村经济的冲击,传统乡村文化的传承出现断裂,许多乡村壮劳力开始逃离农村到城市谋求创业发展,逐渐非农化,留守在农村的只剩下老人、儿童和部分妇女,他们很难肩负起文化传承的重担,很多传承已久的乡村物质和精神文化后继乏力。调查发现,许多乡村的所谓传统文化就是老年人的寺庙活动,传统的节日祭祖、婚丧嫁娶、动土上梁等传统仪式逐步被简化,传统的建筑、服饰、刺绣、剪纸等工艺后继无人。有些乡村老艺人身怀绝技,也想把自己的技艺传承下来,可是因为资金等原因,再加上没有政府的大力支持,其个人力量终究有限,所以,这些物质的和非物质的文化遗产,都只能在人们的惋惜声中没落于历史长河里。有些民俗文化技艺、手工生产、产量无法和机器相比较,作坊式的生产模式根本不具备竞争力。只有为这些特殊的文化传承和技能设立一种保护机制和量身定制的宣传策略,才会给这些技艺带来复苏和传承,也会给这些民俗文化传承带来勃勃生机。①

中华优秀传统文化是中华民族独特的精神标识和中华民族生生不息、发展壮大的丰厚滋养,对延续和发展中华文明、促进人类文明进步,发挥着重要作用。今天,中国经济社会深刻变革、对外开放日益扩大、互联网技术和新媒体快速发展,各种思想文化交流交融交锋更加频繁,对中华文化提出了严峻挑战。能不能守住中华文化的根基,增强中华民族的文化自觉和文化自信,是我们面临的迫切任务。需要我们进一步深化对中华优秀传统文化的认识,深入挖掘其价值内涵,激发优秀传统文化的生机与活力,用中华优秀传统文化铸造中华民族之魂。②

1. 保护传承农村优秀传统文化

中国文化的本源是乡土文化,中华文化的根脉在乡村,乡土、乡景、乡情、乡音、乡邻、乡德、节日、饮食、民俗、民歌等构成了中

---

① 朱启臻. 乡风文明是乡村振兴的灵魂所在[J]. 农村工作通讯,2017(24):33-34.

② 江丽. 城镇化背景下乡村文化的传承与创新[J]. 郑州航空工业管理学院学报(社会科学版),2016(6):136-139.

国的乡土文化，也使乡土文化成为中华优秀传统文化的基本内核，成为不可磨灭的乡村符号。在实施乡村振兴战略过程中，要把地域文化作为提升内涵的灵魂进行精准定位、深入挖掘，让乡村更具魅力。

(1)深入挖掘农村传统道德教育资源，充分发挥家规家训、村规民约在教化民风、熏陶民众和文化传承中的独特作用。

(2)要把当地传统文化融入村庄规划建设的全过程，充分发掘乡土文化资源，尤其是对旧民宅、名木古树、民俗文化、文化遗产等发掘保护的规划设计，发掘每个村的人文、生态特色内涵，打造文化长廊、文化团队、文化活动、文化产业品牌，搞好“一村一特色、一村一品牌”规划设计。要加大对农村传统村落、古建筑、古树木和文化遗产等的普查、宣传和保护力度，使其与乡村建设相互辉映、相得益彰，充分彰显文化魅力，让居民望得见山、看得见水、记得住乡愁，让乡村留得住人。支持农村地区优秀戏曲曲艺、少数民族文化、民间文化传承发展。发掘本地特有的文化资源，牵头组建一些民间文艺演出队伍，并引导他们利用农闲时节进行“文化走村串户”，开展特色文化活动。要把当地的文化遗产和民俗文化融入乡村建设，建立非物质文化遗产演示馆，加强传承、演示人员的培训，支持、扶助演示馆向村民、游客开放。加强与学校、企业的合作，对非物质文化遗产进行研究、创意开发，把非物质文化遗产及其资源转化为文化产品。

(3)在村庄建设中，要尊重历史记忆，对于有景观价值和文化底蕴的旧民宅及古树名木等历史遗存，应予以保留保护。在民居外部改造上严格按照地方风格和特色进行打造，在内部装修上要融合现代生活方式，实现传统风貌与现代设施的有机统一。

2. 构建优质农村公共文化服务体系

一是硬件建设。以公益性、基本性、均等性、便利性为原则，以政府为主导、公共财政为支撑、公益性文化单位为骨干、农村居民为服务对象，切实保障农村群众基本文化权益。按照有标准、有网络、有内容的要求,加强广播电视村村通、乡镇综合文化站、农村电影放映站、农家书屋等文化惠农工程建设,健全乡村公共文化服务体系,实现乡村两级公共文化服务全覆盖。

二是软件建设。要加强乡村文艺创作、文艺编导、文艺演出、文化管理等专业人员的培训培养。举办农民书画展、摄影展、农村非物质文化遗产展演、文艺汇演、体育赛事等,为农民群众搭建展示自我的平台。鼓励农村群众以传统文化、当地风俗、美丽乡村为主题,自编、自导、自演文艺作品。要为乡村提供更多更好的公共文化产品和服务,创作更多反映农村新风貌的文艺作品。乡风文明无法速成,要靠久久为功去养成,这就需要挖掘农村本土文化人才,鼓励引导各界人士投身乡村文化建设,形成一股新的农村文化建设的力量,达到优秀传统文化孕育文明乡风的终极目标。

广西恭城瑶族自治县部分农村在传承文化、孕育文明乡风方面有着不错的探索。恭城历来重视传统文化,县内至今仍保存有文庙和武庙。部分成绩优秀的初中毕业生,县长甚至会对他们进行家访,努力将这些孩子留在当地高中就读。为了让优秀传统文化在大众中"生根发芽",当地不断推动乡村传统价值体系的回归和再造,当地组建了专业的传统文化教育师资队伍,深入村庄进行宣传。"忠孝仁义"成为当地不少领导干部在各个场合不断倡导的道德标准。恭城一些村屯重新修订村规民约,对传统仁义孝道等内容进行规定,好家风、家训被家庭重新学习认定,用以规范族内子孙的言行举止,推动移风易俗、树立文明乡风。

四、建立促进乡风文明的体制机制

信步于中国乡间的小路,干净整洁的路面,苍翠的林间掩映着或砖红、或藏青色瓦屋的普通民居。嵌在花海里的村间小路被村民打理得十分规整,而街道宣传墙上村民亲自手绘的 24 字社会主义核心价值观格外醒目。如果细心一点,你还能看到这样的情景:村民集中居住的乡道内,运送材料的货车司机主动踩一脚刹车,让过往的居民先过;村里带头的致富赢家月入数万元,仍然要回到田间地头带头组织村民共同致富……可以说,乡风文明新体制机制建立的成果早已浸入村民日常生活的点滴,成为乡村振兴的重要保障。

自中华人民共和国成立以来的几十年时间,中国广大农村的文明风貌呈现出了翻天覆地的变化,而如此体现乡风文明新风貌的细节背后,离不开中国深耕数年的农村乡风文明建设。乡风文明是乡村振兴战略的重要内容,实施乡村振兴战略,实质上是在推进融生产、生活、生态、文化等多要素于一体的系统工程。① 目前,中国仍在努力探索出一套让城乡文明程度和居民素质同步提升、吸引人人参与创建乡风文明活动、保持创建乡风文明生机与活力的体制机制。正如"一树新栽益四邻",这套体制机制将汇聚成一股内生动力,为扎根在中国广袤农村地区的乡村文明之木提供源源不断的营养,使其枝繁叶茂、植被成林,最终惠及中华儿女。

农村乡风文明体制机制的建设是一项系统工程,工作千头万绪,涉及方方面面。针对中国观阶段农村乡风文明体制机制建设中可能存在的问题,借鉴发达国家乡风文明体制机制建设的成功经验,建设生产发展、生活宽裕、乡风文明、村容整洁、生态良好、人与自然和谐相处的社会主义新农村,必须建立和完善管理体制,加强组织领导和统筹协调,形成齐抓共建的工作格局;必须建立和完善工作机制,加大指导和考核力度,化虚为实,大处着眼、小处着手,实现工作的有力有效推进。

(一)建立和完善管理体制

建立党委统一领导、党政齐抓共管、部门大力支持、村(居)组织发动、群众积极参与的农村乡风文明建设管理体制。具体由区

---

① 于法稳.实施乡村振兴战略的几点思考[J].国家治理,2018(3):3-15.

新农村建设领导小组领导,区农办牵头,区精神文明建设委员会指导,区文广新局、农口和群团等与农村乡风文明建设相关的职能部门支持,乡镇宣传统战委员、村(居)党组织负责。区农办负责制定各职能部门支持农村乡风文明建设的目标考核办法,纳入区委、区政府对这些部门的年度重点工作考核内容,具体到每个部门每年做哪些工作、完成哪些指标。区文明办负责制定街道镇乡农村乡风文明建设的年度工作目标考核办法,明确街道镇乡在农村乡风文明建设中加强组织领导、进行政策引导、推进载体建设、开展创建试点等具体要求,并配合区农办,每年对农村乡风文明建设工作情况进行考核评比,对先进典型进行表彰奖励。

(二)建立和完善投入机制

农村乡风文明建设,关键要调动农民群众的积极性,切勿由政府包揽。事实证明,群众不热心,政府花再大的力气、投再多的资金、建再好的设施,作用都不大。但政府的投入又是必要的,需要通过政府投入起到引导和推动作用。一方面,按照一级财政一级事权的原则,建立与农村乡风文明建设相适应的财政投入体制机制;另一方面,将部门项目资金切块一部分,归口区农办统筹,并由区财政建立专户,作为农村乡风文明建设配套奖励资金。制定配套奖励资金的使用办法,按以奖代补的方式,为农户建设基础设施、改善生活环境给予补助,对农村组建文化队伍、开展文化活动进行奖励,最终按区里奖励一点、乡镇解决一点、农民自筹一点的办法,解决农村乡风文明建设资金问题。同时,开展城乡共建活动,动员组织机关、企事业单位和各级文明单位与村镇结对帮扶,做到资源共享、优势互补、城乡携手,共同发展。

(三)建立和完善创建机制

文明需要养成,创建依靠机制。加强农村乡风文明建设,必须建立和完善相应的“乡风文明”建设机制,建立评比表彰制度。深入生活、立足现实、依靠群众、服务群众,用农民群众熟悉的语言、身边的事例、喜闻乐见的形式、容易接受的办法,广泛开展各种创建活动,运用评比表彰奖励的手段,激发群众的荣誉感,引导群众在创建活动中自我教育、自我提高。推进星级文明户、文明院落、文明村(居)创建活动,帮助农民消除封闭、保守、落后观念,树立正确的荣辱观、道德观,培养遵纪守法、科技致富、文明卫生、优生优育、团结和睦等意识。推进“家庭美德”评议活动,评选“好媳妇”“好公婆”“好夫妻”,弘扬家庭传统美德。推进以“欢乐新农村”为主题的村民文艺体育活动,丰富群众精神文化生活。推进“向老人尽孝心”“向留守儿童献爱心”活动,让老人安享幸福晚年,让农村留守儿童身心健康成长。

(四)建立和完善法制机制

从某种程度上来说,养成优秀的农村乡风文明是政策管出来的、法律规范出来的。用优秀的中华传统文化来治理中国乡村,并不是就意味着我们不需要法治。在任何时候,德治都需要依靠法治作为保障。十九大报告强调,全面依法治国是国家治理的一场深刻革命,必须坚持厉行法治,推进科学立法、严格执法、公正司法、全民守法。近年来,中国农村的法治建设工作在不断强化,但仍存在着很多薄弱环节。例如,一些人的法治意识淡薄、法律意识水平低等。在个别农村,因涉及土地收益分配、征地拆迁补偿、扶贫专项补助等产生的利益冲突,甚至引发家族械斗、群体性上访等事件屡见不鲜,这些都需进行依法管理、依法打击,在农村地区建立和完善相关有效的法制机制。

(五)建立和完善组织机制

矢志不渝地加强党的组织机制建设,是构建农村乡风文明的法宝之一。而抓好基层党建,是乡风文明体制机制建设的最本质抓手。十九大报告指出,我们要以提升农村基层组织力为重点,突出乡风文明建设过程中党的政治功能,把企业、农村、机关、学校、科研院所、街道社区、社会组织等基层党组织建设成为宣传党的主张、贯彻党的决定、领导基层治理、团结动员群众、推动改革发展的坚强战斗堡垒。这就需要我们在建设乡风文明的过程中，党的基层组织牢牢掌握意识形态工作领导权，培育和践行社会主义核心价值观，深入挖掘中华优秀农村传统文化蕴含的思想观念、人文精神、道德规范，结合时代要求继承创新，在农村形成向上向善、尊老爱幼、邻里互助的良好社会风气。

通过促进农村乡风文明建设的体制机制，进一步推进中国农村乡风文明建设，逐步将广大农村建设成为“生产发展、生活宽裕、乡风文明、村容整洁、生态良好”的和谐家园。

由此，促进乡风文明的体制机制建设，要靠政府引导，更要靠广大乡村人民的自觉践行。[①] 政府是乡风文明体制机制建设的重要推动力量，需要加强政府的引导、动员和扶持作用；同时，也需要充分发挥农村基层党组织的战斗堡垒作用和核心作用，高度重视农村干部的推动作用；乡村人民是乡风文明建设的主体力量，需要充分发挥村集体和农民主体作用；还需要深化体制机制改革，不断完善全覆盖的乡风文明机制建设监管体系；最后要积极搭建与城市党政机关、企事业单位、大专院校、社会团体以及新经济组织和新社会组织有机融合的平台来共建乡风文明，通过动用社会各方面的力量来帮助乡村改善文化条件，发展各种服务，进而实现现代乡村文明新秩序。

① 鲁可荣，胡凤娇．“何”风润心田，斯路传薪火[J]．学术评论，2017(4)：66-71.

第五章　生活富裕：加强农村民生建设

加强农村民生建设旨在坚持人人尽责、人人享有，围绕农民群众最关心最直接最现实的利益问题，加快补齐农村民生短板，提高农村美好生活保障水平，让农民群众有更多实实在在的获得感、幸福感、安全感。

第一节　完善农村产业体系

产业振兴是乡村振兴的基础。构建乡村产业体系，要围绕全面建成小康社会目标和"四化同步"发展要求，坚持以农为本、协调联动、融合发展，以全面提高乡村人口承载力、产业竞争力和可持续发展能力为方向，充分利用农村特有的资源优势、人文条件、生态风光，以现代农业为基础，借鉴和运用工业化理念和方式，加快农村一、二、三产业融合，形成适应市场需求、产业链完整、功能业态多样、利益联结紧密、产村融合协调的发展格局。

一、现代种养业

种养业是乡村的主体产业，是乡村基础价值的体现。现代种养业发展，要超越传统农业单一粗放的生产经营方式，按照农业供给侧结构性改革要求，在确保国家粮食安全的基础上，紧紧围绕市场需求变化，以提高农产品供给质量为主攻方向，优化产业产品结构,统筹调整粮经饲种植结构,发展规模高效种养业,做大做强特色优势产业,优化区域布局,全面提升质量安全水平。

(一)粮食产业

粮食产业是稳民心安天下的基础性战略性产业,而且水稻生产兼备湿地功能、生态价值。稳定粮食生产、发展粮食产业,提高粮食供给质量、确保粮食安全,是构建乡村产业体系的基础和基本任务。

1. 稳定提高生产能力

深入实施藏粮于地、藏粮于技战略,落实最严格的耕地保护制度。划定粮食生产功能区,做好所有地块建档立册、上图入库,实行信息化精准管理推行功能区内经营用地承诺制。实施好标准农田质量提升和粮食生产功能区提标改造,努力改善农田质量条件,提升地力。

2. 优化生产结构

稳定水稻、小麦生产,确保口粮绝对安全,重点发展优质稻米、强筋弱筋小麦,调减非优势区籽粒玉米,增加优质食用大豆、薯类、杂粮杂豆等。大力推进良种制(繁)种及基地建设,充分调动农民生产水稻、小麦良种的积极性,稳定水稻、小麦生产种源,扩大良种覆盖面。

3. 扩大先进科技应用

推进统一育插秧、病虫害专业化统防统治、测土配方施肥等适用技术推广,推广应用粮经结合、水旱轮作、农牧结合等高效农作制度和生态种养模式。推进粮食生产领域全程机械化,深化农艺农机融合。组织粮食作物高产创建、示范创建,发挥好示范创建引领作用。

4. 创新规模经营机制

推进粮食生产功能区内连片集中流转土地，培育种粮大户、家庭农场、农民专业合作社(联合社)和社会化服务组织等新型主体，发展多种形式的粮食适度规模经营、全程机械化作业和社会化服务。实行储备粮生产订单计划，开展省际、产销区间、产粮用粮主体间合作，构建粮食全产业链，形成粮食开放合作新格局。

(二)畜牧业

畜牧业发展事关食品有效供给、农业生态循环、农民持续增收。要按照生态优先、供给安全、结构优化、强牧富民的思路，稳定生猪生产，优化南方水网地区生猪养殖布局，引导产能向环境容量大的地方和玉米主产区转移，大力发展牛、羊等草食畜牧业。全面振兴奶业，引导扩大生鲜乳消费。大力推进畜牧业规模化、生态化、标准化、特色化和产业化发展，走出一条产出高效、产品安全、资源节约、环境友好的现代畜牧业发展之路。

1. 用生态循环改造

依据资源禀赋和发展基础，完善产业布局和特色精品发展规划，加快推进农牧结合生态循环养殖。改造提升现有畜禽规模养殖场，提高畜禽排泄物资源化利用水平。对区域内畜产品产量、有机肥需求量、农村环境质量进行综合平衡，实现畜牧业与农业农村协调发展。

2. 用规模经营提升

深入推进畜牧业标准化建设，提升规模化和特色化发展水平。通过机制创新和产业融合，建设一批区域优势突出、地方特色鲜明、集聚规模显著、标准化生产程度高、品牌经营强的特色精品产业。培育带动力、竞争力强的龙头主体和产销联合、利益共享的合作组织。

3. 用科技创新支撑

引导研发畜牧业清洁化生产、排泄物资源化综合利用和重大动物疫病综合防控等新技术、新装备,培育畜禽新品种,研发新兽药、新饲料和饲料添加剂,加大先进适用技术示范推广力度。建成畜牧兽医主体地理信息系统,健全动物标识及动物产品追溯系统,提升畜牧兽医系统行业管理、监督执法和服务主体信息化水平。

4. 用监管服务保障

完善动物防疫基础设施,充实基层监管力量,加强关键环节监管。探索建立政府补助、企业运行、保险联动的病死畜禽无害化处理新机制,探索其他畜禽的保险联动机制,确保不发生区域性重大动物疫病、重大畜产品安全事故和流域性漂浮死猪事件。

(三)渔业

渔业是水网地带乡村产业的重要组成部分。按照养殖业提质增效,一、二、三产业融合发展的方针、捕捞业(国内)压减产能、远洋渔业拓展,引领渔业转型升级。内陆地区大力推广循环水养殖("跑道养鱼")等节能减排、节地节水、环境友好型养殖模式;沿海地区发展浅海贝藻、鱼贝藻间养和全浮流紫菜养殖等碳汇渔业和深海网箱(围网)建设。实施鱼塘生态化改造、大水面增殖放流、稻鱼共生轮作减排等措施,划定水产养殖禁限养区,严厉整治乱用药、施肥养鱼、尾水直排等行为,降低养殖生产对水环境的负面影响。以渔业油价补助政策调整为契机,用市场化手段赎买渔船和功率指标,着力压减国内海洋捕捞产能,逐步实现海洋捕捞强度与渔业资源再生能力相协调。规范发展远洋渔业,积极稳妥库存鱿鱼等大宗远洋产品,持续增强远洋渔业市场竞争力和发展后劲。

(四)优势特色产业

地方特色优势农产品具有显著的地域性,在乡村产业振兴中具有独特作用。要充分利用地域、品种、资源和文化优势,大力发展特色农业,把地方土特产和小品种做成带动农民增收的大产业。优化农业区域布局,以主体功能区规划和优势农产品布局规划为依托,科学划定蔬菜瓜果、茶叶蚕桑、花卉苗木、食用菌、中药材和特色养殖等产业重点发展地区,并与现代农业产业园、科技园、创业园紧密结合。开展特色农产品标准化生产示范,建设一批地理标志农产品和原产地保护基地。积极发展木本粮油林等特色经济林、珍贵树种用材林、花卉竹藤、森林食品等绿色产业。科学制定特色农产品优势区建设规划,建立评价标准和技术支撑体系,推动各地争创园艺产品、畜产品、水产品、林特产品等特色农产品优势区。

(五)现代种业

种业是一个国家和地区农业核心竞争力的重要内容,也是振兴农业产业的基础。一要切实保障国家种业安全,加强杂种优势利用、分子设计育种、高效制繁种等关键技术研发,培育推广适应机械化生产、高产优质、多抗广适的突破性新品种,健全园艺作物良种苗木繁育体系,推进主要农作物新一轮品种更新换代;二要建设畜禽良种繁育体系,推进联合育种和全基因组选择育种,加快本品种选育和新品种培育,推动主要畜禽品种国产化。提升现代渔业种业创新能力,建设一批水产种质资源保护库、种质资源场、育种创新基地、品种性能测试中心要加强种质资源普查搜集保护与评价利用。深入推进种业领域科研成果权益改革,鼓励支持科研人员多方式参与企业研发,推进科研成果转化,培育壮大“育繁推一体化”现代种业企业,带动技术集成创新、优良品种推广,推进种植业、养殖业结构调整,通过产业发展带动农民增收致富。

二、乡村工业

乡村工业发展要突出农业工业化方向农民参与性导向、农村适应性取向,按照集群化、园区化特色化、绿色化要求,优化结构布局,增强乡村工业对乡村产业的引领和支撑作用。

(一)农产品加工业

农产品加工业连接工农、沟通城乡,行业覆盖面宽、产业关联度高、带动农民就业增收作用强。要适应市场需求变化和产业升级趋势,推动农产品加工业从数量增长向质量提升、要素驱动向创新驱动、分散布局向集群发展转变,促进农产品加工业持续稳定健康发展。

1. 合理布局

根据全国农业现代化规划和优势特色农产品产业带、粮食生产功能区、重要农产品生产保护区分布,合理布局原料基地和农产品加工业。在大宗农产品主产区重点发展粮棉油糖加工特别是玉米加工,建设优质专用原料基地和便捷智能的仓储物流体系。在特色农产品优势区重点发展“菜篮子”产品等加工,推动销售物流平台、产业集聚带和综合利用园区建设。在大中城市郊区重点发展主食、方便食品、休闲食品和净菜加工,形成产业园区和集聚带。以县为单元建设加工基地,以村(乡)为单元建设原料基地。

2. 因地制宜,初精结合

围绕农产品产后减损增收,建设商品化处理全产业链,重点改善农产品产后净化、分等分级、烘干、预冷、保鲜、包装等的设施装备条件,以及购置运输、称重、检化验、污水处理等的辅助仪器设备。建设田头收贮设施,购置收贮及处理设备,提升产后农产品贮藏保鲜能力。在大中城市郊区建设一批农产品精深加工示范基地,开发多元产品,打造产业发展集群。推动副产物循环利用、全值利用和梯次利用,提升副产物附加值。

3. 加快发展绿色加工体系

加强国家农产品加工技术研发体系建设,建设一批农产品加工技术集成基地。大力发展绿色加工,引导建立低碳、低耗、循环、高效的绿色加工体系。支持农产品加工园区循环化改造,推进清洁生产和节能减排,引导企业建立绿色工厂,加快应用节水、节粮等高效节能环保技术装备。

(二)饲料工业

饲料工业是联结种养的重要产业,既是种植产品的加工业,又是养殖业的投入品,为现代养殖业提供物质支撑。我国饲料工业经过 30 多年快速发展,迫切要求加快供给侧结构性改革,实现发展动能转换。

1. 优化饲料工业布局

综合考虑养殖业发展趋势、环境资源禀赋、区位优势和现有产业基础等因素,区别加快发展区、稳定发展区、适度发展区,调整优化饲料工业布局,促进不同区域饲料加工业与种养业协调发展。

2. 保障饲料原料供应

稳定蛋白饲料原料供应,适度增加油菜籽等其他品种进口,加强合成氨基酸新品种应用。建设现代饲草料生产体系,推广草料结合的全混合日粮和商品饲料产品。持续推进秸秆饲料化利用,促进农副资源饲料化利用。

3. 发展安全高效环保饲料产品

加快发展新型饲料添加剂,稳定提高营养改良型酶制剂生产水平,加快研发新型酶制剂,加强药食同源类植物功能挖掘,开发饲用多糖和寡糖产品。研发推广安全环保饲料产品,发展能改善动物整体健康水平的新型饲料产品。

(三)农机装备产业

农业机械装备是发展现代农业、推动乡村振兴的重要物质基础。我国是世界第一农机制造和使用大国,农机装备产业发展,要按照“自主创新、加速转化、提升产业、全面发展”的要求,以创新驱动促进产业转型升级为核心,以市场主导和政府引导相结合为手段,着力扩大产业规模,着力提升创新水平。

1. 开发适用产品

适应农业生产规模化、精准化、设施化和全程机械化要求,优化农机产品结构。积极发展适合家庭经营需要的中小型、轻简化农机,形成高中低端产品共同发展格局。按照绿色化发展要求,开发生产高效节能环保、多功能、智能化、资源节约型农业装备产品。

2. 提升制造水平

加大农业装备企业技术改造力度,应用精密成型、智能数控等先进加工装备和柔性制造、敏捷制造等先进制造技术。完善农机产品质量标准体系,实现动力机械与配套农具、主机与配件的标准化、系列化、通用化开发生产。

3. 调整行业结构

完善产业组织结构,提升产业集中度和专业化分工协作水平。中小型企业走“专、精、特新”发展道路,培育一批零部件加工企业;通过优化重组、兼并,形成整机核心部件均能全程自主生产的龙头企业。

(四)肥料产业

肥料产业存在产能过剩、基础肥料品种发展不平衡、产品同质化严重、绿色有机肥料发展不足等问题。肥料产业发展要为农业绿色发展提供绿色无污染肥料,为农民提供个性化、多样化的套餐增值服务。推行测土配方施肥模式,在了解土壤养分等基本情况的基础上,有针对性地生产氮磷钾配比更科学、更符合土壤养分需求的肥料,同时把环境中蕴藏的养分充分利用起来。通过配方增加微量元素等方法,充分挖掘土壤微生物潜力,更好地发挥营养调控价值。充分利用植物秸秆、动物排泄物等有机质资源,通过物理形态改变、微生物发酵等方式,创新开发有机肥,并生产有机无机复混肥。适应农业专业化和社会化服务发展要求,肥料企业向后延伸服务,发展测土配方施肥、水肥一体化、施肥机械化等精准化便利化服务。

(五)农药产业

现代农药已步入超高效、低用量、无公害的绿色农药时代,新种植形态和生态理念对农药发展及其应用提出更高要求。要根据新的《农药管理条例》及我国农药行业发展现状,推动农药产业高质量发展。

1. 优化产业布局

加快农药企业向专业化园区集中,降低生产分散度。强化行业监管,健全公平公正行业准入政策,制止低水平重复建设,建立和完善重污染企业退出机制。组建大型农药企业集团,培育有国际竞争力的企业。

2. 深化品种结构调整

支持高效、安全、经济、环境友好的农药新产品发展,推动农用剂型向水基化、无尘化、控制释放等高效、安全的方向提升,发展用于小宗作物的农药、生物农药和用于非农业领域的农药新产品、新制剂。

3．强化创新驱动

建设农药技术创新体系,加强共性关键技术和技术集成开发。加快成果转化,重点突破“三废”处理关键技术、环保型剂型开发技术、基于农药药物传递系统的环保农药剂型开发共性技术等。

三、乡村服务业

乡村服务业是指服务于农业再生产和农村经济社会发展,通过多种经济形式、多种经营方式、多层次多环节发展起来的一大产业,是现代服务业的重要组成部分。要适应乡村产业的兴旺需求和农村居民日益增长的美好生活需要,在加强政府公益性服务的基础上,积极培育经营性服务组织,鼓励种子、农机、农药生产企业延伸服务链,拓展服务内容,规范服务行为,推动乡村服务产业有序、健康、快速发展。

(一)农资配送服务

农资配送服务包括作物与畜禽水产种子种苗、化肥、农药等的配选服务。在种子种苗方面,由服务组织与“育繁推一体化”种业企业合作,在良种研发、展示示范、集中育秧(苗)、标准化供种、用种技术指导等环节向农民和生产者提供全程服务;开发包括种子供求、品种评价、销售网点布局等信息在内的手机客户端,为农民科学选种、正确购种提供服务;开展种子种苗、畜种及水产苗种保存、运输等物流服务。在肥药方面,积极发展兽药、农药和肥料连锁经营、区域性集中配送等供应模式。开展青贮饲草料收贮,推广优质饲草料收集、精准配方和配送服务。特别要重视发挥供销合作社在农资供应和资源配送上的主渠道优势,优化农资配送服务方式。供销合作社可在有条件的农民合作社设立农资供应网点，加强农资物联网建设与应用；与农民专业合作社、农产品行业协会等协作，开办“庄稼医院”，建立智慧农资网络，承担政府向社会力量委托或购买的相关公共服务，提供农资配送等服务。

（二）农技推广服务

农技推广服务涉及农民千家万户对粮食等大宗生产技术、公共性技术的需求，一般由政府农业公共服务机构直接提供或通过购买服务的方式由经营性服务机构提供。在作业内容上，开展深翻、深松、秸秆还田等田间作业，集成推广绿色、高产、高效技术模式。采用测土配方施肥、有机肥替代化肥等减量增效新技术，推进肥料统供统施服务，加快推广喷灌、滴灌、水肥一体化等农业节水技术。推广绿色防控产品、高效低风险农药和高效大中型施药机械，以及低容量喷雾、静电喷雾等先进施药技术，推进病虫害统防统治与全程绿色防控有机融合。动物防疫服务组织、畜禽水产养殖企业、兽药生产企业、动物诊疗机构和相关科研院所等各类主体，提供专业化动物疫病防治服务。促进公益性农技推广机构与经营性服务组织融合发展，基层农技推广机构通过派驻人员、挂职帮扶、共建载体、联合办公等方式，为新型经营主体和服务主体提供全程化、精准化和个性化指导服务。探索农技人员在履行好岗位职责前提下，通过提供增值服务获取合理报酬的新机制。构建农技推广机构、科研教学单位、市场化主体、乡土人才、返乡下乡人员等广泛参与、分工协作的农技推广服务联盟，实现农业技术成果组装集成、试验示范和推广应用的无缝链接。

（三）农机作业服务

推进农机作业服务领域从粮棉油糖作物向特色作物、园艺作物、养殖业生产配套拓展，服务环节从以耕种收为主向专业化植保、秸秆处理、产地烘干等农业生产全过程延伸。加快应用基于北斗系统的作业监测、远程调度、维修诊断等大中型农机物联网技术,农机作业服务主体可利用全国“农机直通车”信息平台,及时掌握需求信息,加强信息交流,提高跨区作业服务效率。积极发展农机具维修服务,有效打造区域农机安全应急救援中心和维修中心,以农机合作社维修间和农机企业“三包”服务网点为重点,推动专业维修网点转型升级。在粮食生产功能区、重要农产品保护区、特色农产品优势区,支持农机服务主体以及农村集体经济组织等建立集中育秧、集中烘干、农机具存放等设施,为农户提供一站式服务。

(四)农业废弃物资源化利用服务

鼓励通过政府购买服务的方式,支持专业服务组织收集处理病死畜禽。在养殖密集区推广分散收集、集中处理利用等模式,推动建立畜禽养殖废弃物收集、转化、利用三级服务网络,探索建立畜禽粪污处理和利用受益者付费机制。加快残膜捡拾、加工机械和残膜分离等技术装备研发,积极探索生产者责任延伸制度,由地膜生产企业统一供膜、统一回收。推广秸秆青(黄)贮、秸秆膨化、裹包微贮、压块(颗粒)等饲料化技术,采取政府购买服务、政府与社会资本合作等方式,培育一批秸秆收储运社会化服务组织,发展一批生物质供热供气颗粒燃料、食用菌等可市场化运行主体,促进秸秆资源循环利用。

(五)农产品流通交易服务

加强产地批发市场建设,培育现代农业物流中心,在巩固提高现有大中型批发市场的基础上,探索绿色农产品直供、连锁配送、定点销售等营销机制,提供农产品预选分级、加工配送、包装仓储、信息服务、标准化交易、电子结算、检验检测等服务。完善农产品物流服务,推进农超对接、农社对接,利用农业展会开展多形式产销衔接。支持有资质的服务组织开展农产品质量安全检验检测,推动检测结果互认,提供准确、快捷的检测服务。基层农产品质量安全监管机构提供追溯服务,指导主体开展主体注册、信息采集、产品赋码、扫码交易、开具食用农产品格证等业务。以整合开发现有农业信息资源和健全农业信息服务体系为重点，建立延伸至农业龙头企业、农产品批发市场、中介组织和经营大户的信息网络，加强市场购销、价格等信息采集、分析和发布，建立健全市场引导生产、推动农业结构调整的机制。

（六）提升乡村服务业水平

搭建统一高效、互联互通的信息服务平台，加快建设和汇集各类农业重要基础性信息系统，为生产主体提供农产品生产状况、市场供求走势、资源环境变化、动植物疫病防控、产品质量安全以及服务组织资信等信息服务。全面实施信息进村入户工程，支持各类服务组织参与益农信息社建设，共用共享农村各类经营网点资源，为农民和新型主体提供公益服务、便民服务、电子商务和培训体验等服务。积极拓展服务领域，为农业农村发展提供基础设施管护、小额资金信贷等服务。

第二节　加强农村基础设施建设

继续把基础设施建设重点放在农村，持续加大投入力度，加快补齐农村基础设施短板，促进城乡基础设施互联互通，推动农村基础设施提档升级。

一、改善农村交通物流设施条件

以示范县为载体全面推进“四好农村路”建设，深化农村公路管理养护体制改革，健全管理养护长效机制，完善安全防护设施，保障农村地区基本出行条件。推动城市公共交通线路向城市周边延伸，鼓励发展镇村公交，实现具备条件的建制村全部通客车。加大对革命老区、少数民族地区、边疆地区、贫困地区铁路公益性运输的支持力度,继续开好“慢火车”。加快构建农村物流基础设施骨干网络,鼓励商贸、邮政、快递、供销、运输等企业加大在农村地区的设施网络布局。加快完善农村物流基础设施末端网络,鼓励有条件的地区建设面向农村地区的共同配送中心。

二、加强农村水利基础设施网络建设

构建大中小微结合、骨干和田间衔接、长期发挥效益的农村水利基础设施网络,着力提高节水供水和防洪减灾能力。科学有序推进重大水利工程建设,加强灾后水利薄弱环节建设,统筹推进中小型水源工程和抗旱应急能力建设。巩固提升农村饮水安全保障水平,开展大中型灌区续建配套节水改造与现代化建设,有序新建一批节水型、生态型灌区,实施大中型灌排泵站更新改造。推进小型农田水利设施达标提质,实施水系连通和河塘清淤整治等工程建设。推进智慧水利建设。深化农村水利工程产权制度与管理体制改革,健全基层水利服务体系,促进工程长期良性运行。

三、构建农村现代能源体系

优化农村能源供给结构,大力发展太阳能、浅层地热能、生物质能等,因地制宜开发利用水能和风能。完善农村能源基础设施网络,加快新一轮农村电网升级改造,推动供气设施向农村延伸。加快推进生物质热电联产、生物质供热、规模化生物质天然气和规模化大型沼气等燃料清洁化工程。推进农村能源消费升级,大幅提高电能在农村能源消费中的比重,加快实施北方农村地区冬季清洁取暖,积极稳妥推进散煤替代。推广农村绿色节能建筑和农用节能技术、产品。大力发展“互联网＋”智慧能源,探索建设农村能源革命示范区。

四、夯实乡村信息化基础

深化电信普遍服务，加快农村地区宽带网络和第四代移动通信网络覆盖步伐。实施新一代信息基础设施建设工程。实施数字乡村战略，加快物联网、地理信息、智能设备等现代信息技术与农村生产生活的全面深度融合，深化农业农村大数据创新应用，推广远程教育、远程医疗、金融服务进村等信息服务，建立空间化、智能化的新型农村统计信息系统。在乡村信息化基础设施建设过程中，同步规划、同步建设、同步实施网络安全工作。

第三节　促进农村扶贫开发

贫困问题是中国经济社会发展中最突出的“短板”。《中共中央国务院关于实施乡村振兴战略的意见》明确提出，乡村振兴，摆脱贫困是前提。必须坚持精准扶贫、精准脱贫，把提高脱贫质量放在首位，既不降低扶贫标准，也不吊高胃口，采取更加有力的举措、更加集中的支持、更加精细的工作，坚决打好精准脱贫这场对全面建成小康社会具有决定性意义的攻坚战。

一、脱贫攻坚面临的挑战

党的十八大以来，中国脱贫攻坚战取得了非常显著的成效。2013～2017 年，每年农村脱贫人口分别为 1 650 万、1 232 万、1 442 万、1 240 万和 1 289 万，五年间让 6 853 万人脱离了贫困，相当于一个欧洲大国的人口。当前，中国已进入脱贫攻坚战的关键阶段，但农村贫困人口基数依旧非常庞大，且脱贫难度越来越大，精准扶贫和精准脱贫工作仍面临很大挑战。

(一)需要脱贫人口总量庞大且自我发展能力严重不足

2016 年 11 月 23 日,国务院《关于印发“十三五”脱贫攻坚规划的通知》指出,截至 2015 年年底,全国有 5 630 万农村建档立卡贫困人口,主要分布在 832 个国家扶贫开发工作重点县、集中连片特困地区县和 12.8 万个建档立卡贫困村,多数西部省份的贫困发生率在 10%以上,民族八省区贫困发生率达 12.1%。2016 年和 2017 年连续两年脱贫 1 200 余万人口,2017 年年末,据国家统计局的抽样调查,按现行农村贫困标准测算,仍有农村贫困人口 3 046 万,贫困发生率 3.1%。要完成到 2020 年按现行贫困标准全部贫困人口脱贫的目标,2018～2020 年每年还需要脱贫 1 015 万人。[①] 分省看,2017 年各省农村贫困发生率普遍下降至 10%以下,但农村贫困发生率在 3%以上的省份仍有 14 个。

从剩余贫困人口结构看,深度贫困地区贫困人口和老年人单身者、懒人、精神障碍患者、残疾人、贫困儿童等特殊困难群体逐渐成为贫困人口主体。受多种因素的影响,他们的自我发展能力严重不足,未来他们的脱贫成本更高、脱贫速度减缓、脱贫难度更大,依靠常规举措也更难以摆脱贫困状况。

(二)区域性整体贫困程度较深但区域经济发展基础薄弱

当前,扶贫攻坚战遇到的一块“硬骨头”是深度贫困地区和人群的脱贫。这已不是农民(家庭)个体或单个村庄整体的贫困,而是整片区域由于地区差异、文化差异、资源匮乏或制度性资源转换不畅等多种原因造成区域经济发展落后而出现的区域性贫困。区域性贫困涵盖了大量村庄和个体性贫困,主要分布在中西部地区、山区边缘地区和少数民族地区。2011 年,《中国农村扶贫开发纲要(2011～2020 年)》确定了 14 个连片特困地区,共包含 680 个县级单位,其中 431 个是国家扶贫开发工作重点县、183 个革命老区

① 2017 年全国农村贫困人口明显减少 贫困地区农村居民收入加快增长[EB/OL]. http://www.stats.gov.cn/tjsj/zxfb/201802/t20180201_1579703.html.

县、370 个少数民族县、54 个边境县。2011 年，在有统计数据的 11 个片区中，贫困发生率最低的是大别山区，为 20.7%；最高的是乌蒙山区，为 38.3%。片区规划印发后，经过数年的发展，片区扶贫取得了明显成效，道路畅通、饮水安全等 10 项重点工作在加快推进。但区域性整体脱贫的难度越来越大，一些地区仍深陷深度贫困。

2017 年 11 月 21 日，中共中央办公厅、国务院办公厅印发了《关于支持深度贫困地区脱贫攻坚的实施意见》，对深度贫困地区脱贫攻坚工作作出全面部署，指出西藏、四省藏区、南疆四地州和四川凉山州、云南怒江州、甘肃临夏州（简称“三区三州”），以及贫困发生率超过 18%的贫困县和贫困发生率超过 20%的贫困村，自然条件差、经济基础弱、贫困程度深，是脱贫攻坚中的“硬骨头”。深度贫困地区的脱贫难度非常大，这是因为这些地区的自然条件恶劣、基础设施落后，区域间经济发展落差巨大，地区基本公共服务严重落后，产业发展难度很大。①

（三）扶贫脱贫政策工具在实践中的“精准”难度非常大

“精准扶贫”的概念虽已非常普遍，其内涵和操作方式都非常明确，但政策落地却与理想设计仍有差距。解决“扶持谁？谁来扶？怎么扶？如何退？”的问题仍是精准扶贫面临的重大挑战。

（1）精准识别贫困对象难度大。在现实中，被确认为贫困户就有资格获取各类扶贫资源，这导致部分村庄存在贫困户轮流当的现象，个别村庄在贫困对象识别过程中出现“偏私”，真正贫困的农户却当不上“贫困户”。再者，精准统计农民的一次性收入也比较困难，这也会导致贫困对象识别存在偏差。

（2）精准确定致贫原因有难度。从 2013 年开始，全国各地虽已对 8 900 万贫困人口建档立卡，但致贫原因被简单设计为因灾、因病、因残、因学、缺技术、缺劳动、缺资金、其他，分类过于简化，

① 李小云，左停．深度贫困地区脱贫攻坚：挑战与对策[N]．中国社会科学报，2018-02-06.

不利于详细分析致贫的深层次影响因素。

(3)精准帮扶政策工具的针对性急需提高。当前最主要的帮扶政策是产业扶贫,也是被大众赋予厚望并认为是长久“造血”的扶贫政策,但产业选择是否与当地的资源禀赋产业基础、种养传统、技术匹配等客观条件相契合,以及产业发展的方式、模式等是否为贫困群众所接受,这些都直接影响到产业扶贫的效果。

(4)精准扶贫的考核机制缺失,多种考核机制并存,给精准扶贫考核带来了极大的难度。[①] 另外,精准扶贫在实践中还可能存在领导干部“抓手难”、产业扶贫“判断难”、工作队员“填表难”、贫困家庭“配合难”等问题,特别是帮扶和被帮扶两类群体都需要花费大量精力去应对各种考核表,以致帮扶者的精力被分散,帮扶工作本末倒置,被帮扶者宁愿贫困也不会主动进入被帮扶序列。

二、精准扶贫经验与策略

当前,精准扶贫方式主要分为九种:特色产业扶贫、转移就业扶贫、金融扶贫、资产收益扶贫、易地扶贫搬迁、生态保护扶贫、健康扶贫、教育扶贫和兜底保障扶贫。其中,特色产业扶贫、转移就业扶贫、金融扶贫、资产收益扶贫直接着力于提高贫困人口的经济发展能力和收入水平;易地扶贫搬迁、生态保护扶贫着力于在扶贫中协调人与自然的关系;健康扶贫和教育扶贫着眼于长期贫困人口人力资本的提升,以从根本上提高他们的发展能力;兜底保障扶贫是指针对无法通过产业、就业等方式实现脱贫的家庭提供社会保障救济。

(一)特色产业扶贫

贫困户持续脱贫、防止返贫问题一直是落实精准脱贫工作的重中之重。精准扶贫政策实施以来,各地政府和扶贫公益组织积极探索立足地方资源条件、扶持地方特色产业以带动贫困人口稳

① 莫元圆.我国精准扶贫所面临挑战及对策研究[J].市场研究,2016(01):28-29.

定增收致富，主要形成特色产品产业、旅游产业、光伏产业，并将产业发展与“互联网＋”有机结合，探索发展了电商扶贫模式。

1. 特色产品扶贫

围绕地方特色产品建设生产基地，逐步延长产业链，发展地方品牌的特色产品扶贫路径能够在发展产业中解决贫困人口的就业及增收问题，是精准扶贫的重要方式。山西夏县充分利用行政村先天自然条件，在地方干部带领下，围绕“一村一品一业”投入资金、引进技术、发展各色产业，如养鸡合作社、反季节大棚水果、树枝回收做板材等，贫困户深度参与，实现了集体经济收入“破零”。夏县在扶贫产业发展中注重挖掘弱势人口劳动潜力，提高贫困村农户的就业水平，引导贫困人口靠劳动脱贫。该县埝掌镇对残疾人开展香包手工培训，把技术引进来，使弱势群体有公平的就业环境和机会。这种方式为“转移支付式”的被动输血扶贫向“经营劳动型”的主动造血扶贫转变提供了很好的思路。

2. 旅游扶贫

中国很多贫困地区位于偏远、闭塞的山区，这些地区的交通条件较差，但往往自然环境较好、人们生活习俗各异，蕴含着丰富的旅游资源。中国农业大学李小云教授及其团队在云南西双版纳傣族自治州的勐腊县河边村，依托当地特色民俗旅游资源，开展了“瑶族妈妈”客房扶贫项目，具体承担了项目策划、宣传、联系客户、签订合同等主要工作，并常在现场负责具体接待工作。2017 年项目开展以来，贫困户收入显著增加，2017 年 37 个贫困户实现户均增收约 5 000 元。

3. 光伏扶贫

光伏扶贫是指在光照资源条件较好的贫困地区，由政府、企业、贫困户共同参与，因地制宜统筹建设光伏发电设施，并将全部或部分发电收益用于贫困人口稳定收入和增加收益，以达到精准扶贫目的的惠农工程。2014 年 10 月,国家能源局、国务院扶贫办印发《关于实施光伏扶贫工程工作方案》,此后光伏扶贫逐渐成为中国精准扶贫方式之一。安徽金寨县是较早发展光伏扶贫的地区,从 2013～2015 年,金寨县建设了 1 万多户的户用光伏系统,并在 218 个行政村建设了村级电站。鉴于分散电站维护成本高的问题,2015 年起该县重点发展集中电站。2016 年 6 月,金寨县人民政府发布《金寨县光伏发电精准脱贫实施方案》,明确建设 20 万千瓦集中地面光伏扶贫电站,作为当地光伏扶贫的重点项目。据彭博新能源财经统计,截至 2016 年上半年,全国光伏扶贫项目规模累计约为 300 兆瓦,其中 80%采取集中电站形式。①

4. 电商扶贫

2015 年,自李克强总理提出“互联网＋”以来,互联网与传统行业的结合飞速发展。根据国家发改委发布的《农村一、二、三产业融合发展年度报告》,2017 年,全国农村网络零售额达到 12 448.8 亿元,同比增长 39.1%;农村网店达到 985.6 万家,同比增长 20.7%,带动就业人数超过 2 800 万人。在扶贫领域,各地努力探索特色农产品、手工艺品、旅游与“互联网＋”结合的方式,拓宽了销售渠道,使产业与市场对接更加紧密;贫困人口可以通过电商货比三家,获得物美价廉的生产资料和生活用品;依托电商的发展,贫困地区的交通通信设施、物流设施也能得到相应改善,贫困人口的市场经济意识将逐步形成。宁夏回族自治区贺兰县自 2015 年开始以农村淘宝项目为主要模式开展电商扶贫,截至 2016 年年底,建成县级服务中心 1 个、村级服务站 30 个。县级服务中心主要负责开发建设、管理村级代购市场以及现存仓储、物流服务;村级服务站主要开展代买代卖服务、物流服务以及资金结算。农村淘宝项目为农村电商的发展打造了平台,为贫困地区工业品下乡和农产品进城创造了条件。

① 孔祥智. 乡村振兴的九个维度[M]. 广州:广东人民出版社,2018:191.

精准扶贫实施以来，特色产业扶贫发挥了贫困地区的资源优势，优化了产业结构，带动了贫困人口就业和持续增收。但当前特色产业扶贫中存在以下问题：第一，当前特色产业扶贫主要依靠政府推动，部分产业项目对市场规模和持续发展考虑不足。很多产业项目在发展前期由于政府支持力度大，项目能够快速上马，在短期内确实达到了快速增加就业、提高收入、致富脱贫的目的。但有的产业项目缺乏长远规划，不注意控制规模。产业项目能否有持续资金投入，产品能否获得市场认可、卖上好价钱，对这些潜在问题的风险考虑不足。第二，在扶贫产业发展中对发挥贫困人口自身的能动性重视不足。精准扶贫政策的实施，在短期内给贫困地区和贫困人口带来了有力的外部支持，这使很多扶贫项目短期效果显著。但这也会滋生贫困人口过分依赖外部支持，出现缺乏自我发展动力的倾向。李小云教授在开展"瑶族妈妈"客房扶贫项目中，就发现很多当地贫困户过分依赖外界扶持，"等、靠"思想严重。第三，光伏扶贫中存在降低维护成本与精准扶贫效果的矛盾问题。以户、村为单位发展分散电站能够更好地确保贫困户收益，但运营、维护成本过高。集中电站能够大幅降低运营、维护成本，是当前光伏扶贫的重点，但由于企业承担运营、维护工作，收益大部分流向企业，扶贫效果会大打折扣。第四，交通问题、品牌问题成为电商扶贫中的主要制约因素。很多贫困地区位置偏远、交通落后，生鲜农产品容易腐坏，很难通过电商实现远距离销售。贫困地区加工企业少、品牌建设滞后、产品缺乏质量保证，也限制了农产品加工品电商的发展。

（二）转移就业扶贫

通过农村贫困人口人力资源数据库建设、贫困劳动力职业培训、岗位推介和就业帮扶、跟踪维权等环节的各项工作，促进贫困人口就业增收既是精准扶贫的重要方式，也是优化城乡劳动力资源配置的有效途径。

河南安阳市从 2016 年起加大贫困人口转移就业工作力度，

扎实开展了三项工作:(1)建立贫困家庭劳动力台账。下发《关于开展建档立卡贫困家庭劳动力情况调查的通知》,各县深入贫困家庭对贫困家庭劳动力进行调查登记,详细掌握农村贫困家庭劳动力年龄结构、素质技能、就业意向、培训意愿等基本情况,建立农村贫困家庭劳动力数据库和实名制登记台账。(2)对贫困村开展针对性劳动力培训。在征求贫困家庭劳动力培训意愿后设置培训专业并安排课时,对10个贫困村开展试点培训,培训专业主要为家政服务、蔬菜种植、烹饪、纺织服装等,每个培训班时间为3～5天。(3)市劳务输出管理服务处、市职业介绍服务中心积极为贫困家庭劳动力提供就业岗位对接服务。通过"送岗位进贫困村"、开办专场招聘会等方式,将就业岗位与劳动力对接。2016年,全市实现贫困家庭劳动力转移就业12 823人。安阳市转移就业扶贫中的主要问题是经过2016年以来的转移就业脱贫,容易转移就业的农村贫困家庭劳动力已经基本实现转移就业,剩下的多是年龄偏大、技能偏低的,转移就业的难度较大,需要制定针对性措施促进这部分人转移就业。①

(三)金融扶贫

2014年建档立卡工作实施以来,在《关于全面做好扶贫开发金融服务工作的指导意见》《关于创新发展扶贫小额信贷的指导意见》等政策的推动下,精准扶贫小额信贷逐渐在激发建档立卡贫困户内生动力,为其在发展生产、增收脱贫提供资金支持方面发挥重要作用。在实践中,精准扶贫小额贷款主要有两种方式:

1. 直接支持方式

银行机构向符合条件的贫困户发放扶贫小额贷款,由贫困户自主使用,通过自主经营或者合作经营实现增收脱贫。直接支持方式是精准扶贫小额信贷的主要模式,但其在实践中主要有两大

① 王建宾. 安阳市转移就业脱贫调研分析[J]. 人才资源开发,2017(13):30-33.

问题：一是将贷款直接发放给贫困户由他们自主使用，但是可能出现贫困户改变贷款用途，将生产性贷款用作生活支出，违背精准扶贫小额信贷的初衷；二是在一些贫困地区，农民缺乏发展相关产业的技能，政府对技能培训又不够重视，导致贫困户即使获得资金也难以发展相关产业。在山西五台县调研中发现，一些村庄贫困户获得精准扶贫小额信贷养羊，但由于防疫技术跟不上致使羊大量死亡，恶化了贫困户的经济状况。

2. 间接带动方式

贫困户与企业、合作社、家庭农场、能人大户等主体签订协议，这些主体使用贷款并按协议给贫困户分红，并在需要用工时优先考虑贫困户。山西夏县晋星集团是家集畜禽饲料研发生产、三黄肉鸡养殖、肉鸡屠宰、熟食加工原料贸易为一体的综合性民营企业。近年来，在夏县县委、县政府的推动下，该公司启动了精准扶贫养殖产业园建设。为了解决项目融资问题同时帮助贫困农户脱贫，在政府推动下该公司对接精准扶贫小额信贷，与贫困户签订协议，贫困户自主自愿向银行申请贴息贷款，吸纳198户贫困户的精准扶贫小额贷款融资990万元。企业每年按不低于15%的比例分红，并在律师公证下形成利益分配协议。2017年，贫困户户均年增收7 500元。间接带动式的精准扶贫小额信贷旨在解决贫困户由于自身能力不足或缺乏好的产业项目而不敢贷款的问题，为农业龙头企业缓解资金约束的同时，带动发展能力弱的贫困户增收脱贫。但在这一模式下，贫困户稳定增收必须以龙头企业有较好的盈利能力为前提，而龙头企业盈利能力又在很大程度上受市场影响。在夏县案例中，如果龙头企业盈利无法满足合同规定的15%的分红要求，分红协议将受到冲击或龙头企业将受损，而政府为贷款实施全额贴息也加重了财政负担。因此，要发挥间接贷款模式持续益贫效应，应该进一步优化利益分配机制，协调好贫困户、龙头企业、银行、政府各方利益。

(四)资产收益扶贫

多种途径增加贫困人口资产性收益,是促进贫困人口增收脱贫的重要方式。当前,贫困人口资产性收益主要包括三类:(1)对于占用贫困地区集体土地发展的种养业、森林旅游业、矿产开发业等产业,贫困人口可按户或按人口分享产业发展收益;(2)对于有条件的贫困地区,鼓励、支持贫困人口以资金、技术、设备与龙头企业、农民合作社等新型农业经营主体进行股份合作,形成利益共同体,从而实现股份到户、利益到人;(3)在易地扶贫搬迁中支持贫困人口将输入地商铺、诊所等营利性物业产权量化到户,发展物业经济,增加由乡进城贫困人口财产性收入。

当前,精准扶贫进入攻坚阶段,各地政府对贫困村的资金支持力度不断加大,如何有效使用政府扶贫资金是贫困村面临的突出问题。将政府给予贫困村的扶持资金入股于效益好的企业、农民合作社等经营主体,获得股份收益是使扶贫资金长期增值、促进贫困人口增收的可行途径。山东平度市杨家顶子蔬菜生产专业合作社是一家主要从事蔬菜种苗繁育、设施蔬菜种植以及农业社会化服务的农民合作社。合作社在长期发展中逐步形成“种苗繁育＋基地种植＋社会化服务＋订单农业”的发展模式,收益稳定。近年来,合作社年营业收入均达 2 000 万元以上。为了解决规模扩张中的资金需求,同时,也带动周边贫困农民致富,合作社 2016 年吸收周边 3 个贫困村毛家村、万柳周村、店上村 2 年扶贫资金共计 220 万元作为优先股。合作社与 3 个村村委会签订 12 年股权合同,前三年每年给每个贫困村集体经济组织 5 万元优先股分红,以后每三年增加 10%。计算可得,4 个三年中,年股息率分别为 6.82%、7.50%、8.25%、9.08%。通过整合扶贫资金,合作社以可以接受的资金成本筹集了所需资金,同时,也为政府扶贫资金提供了可以稳定升值的投资渠道,提高了政府扶贫资金的利用效率。但这一模式的扶贫效果受企业、合作社经营效益影响较大,需要政府、贫困村集体密切关注企业、合作社的发展，确保扶贫资金的安全。

（五）易地扶贫搬迁

中国地形复杂多样，山区面积广大，约占全国总面积的三分之二。山区地势崎岖、土壤贫瘠、交通闭塞，经济文化相对落后。特别是在一些深山区、石山区、高寒区、荒漠化区等，贫困与恶劣严酷的自然生态条件往往是共生的，生态环境脆弱、自然灾害多发使在生态贫困区实施原地扶贫难度变大，即使依靠各种外界力量实现脱贫，受自然生态条件的影响也极易返贫。易地扶贫搬迁是解决生态贫困问题的根本举措。易地扶贫搬迁，必然会使扶贫搬迁地区在短期内形成大量的“空壳村”。如何使搬迁后的农民实现稳定就业和稳定增收，如何有效利用这些地区的土地资源以及由当地居民和政府长期投资形成的水、电、路、房等设施，是易地扶贫搬迁中的突出问题。

作为全国扶贫开发工作重点县，山西左权县于 2001 年开始以易地扶贫搬迁作为扶贫工作的重点，并逐步探索形成了通过发展庄园经济，有效利用移民搬迁后的闲置资源发展相关产业，形成贫困户稳定增收的扶贫模式。左权县庄园经济具有欧洲中世纪与中国古代庄园经济经营规模大、多种经济有机结合的特点，同时，又具备现代庄园经济以私人投资为基础、以现代化管理为手段、以市场为导向的要素，因此将其称为“庄园经济”。其本质是一种以民间投资将移民区土地资源与现代化的经营管理、先进的技术有机结合的农业经营模式。庄园经济通过流转由于扶贫搬迁而闲置的耕地、宅基地、林地，以及“四荒”用地等土地资源，将资金、管理、技术等现代生产要素与大量的山区土地资源相结合，从事多元化经营，兼营种植养殖、乡村旅游、农产品加工等行业，不仅规避了山区生态脆弱、土壤贫瘠的劣势，而且通过农业的多功能化提高了经济效益。在十年的时间里发展了相当数量的农业规模化经营主体，部分主体发展效益良好，对县域经济发展起到显著的带动作用。截至 2015 年年底，左权县庄园经济年产值达到6 500万元。依托庄园经济,左权县已形成核桃种植加工、杂粮种植加工、乡村旅游业、畜禽养殖业四大支柱产业。截至2015年年底,左权县有800多名农民以土地经营权、资金、饲养的畜禽等形式入股庄园经济,以股东身份获得资产性收入。庄园经济带动当地农户就业1万多人次,人均增收2 680元。

但庄园经济发展中也凸显出一些问题。左权县257个庄园中,具有一定规模、经济效益较好的庄园只有20个左右,不足庄园总数的10%。总体来看,左权县庄园经济发展主要面临三方面的困境:(1)市场困境。左权县交通、通信等基础设施较为落后,与发展旅游业相配套的交通路线、通信设施尚未建成,影响了旅客流入;政府对庄园经济发展缺乏统一规划,对外缺乏统一宣传,旅游业未形成品牌,对游客吸引力不大;当地庄园数量较多,旅游资源同质性强,同业竞争严重;加工业品牌建设较为落后,全县注册自有品牌的庄园仅有不到10个;市场竞争较为激烈,近年来由于核桃产品的市场竞争日趋激烈,核桃产品面临销售困难。(2)资金困境。庄园开发前期投入大、回报周期长、见效慢,大部分庄园面临资金约束。当地政府鼓励庄园以土地经营权作为抵押申请贷款,但相对于其他抵押品,土地经营权抵押涉及关系复杂,不确定性较大。银行出于交易成本考虑,一般不接受土地经营权作抵押发放贷款。(3)人才困境。大多数庄园没有条件聘请懂管理、善经营的管理人才。一些庄园在经营管理、市场定位等方面问题明显,不少庄园发展几年后因经营不善而夭折。

(六)生态保护扶贫

生态保护扶贫是指把生态保护与扶贫开发融合起来,使生态保护成为贫困地区脱贫和发展的新动力。生态保护扶贫是绿色发展理念在扶贫开发领域的体现。按照"十三五"规划要求,"十三五"期间中国农村贫困地区既要扎实搞好精准扶贫、脱贫工作,又要加快推进生态文明建设,全力以赴补齐这两块短板,确保到2020年能与全国其他地方一道全面建成小康社会。

江西新干县近年来将精准扶贫开发与生态文明建设相结合，加强基础设施建设、优化生态环境、发展生态产业，形成了精准扶贫开发与生态文明建设“双赢”的局面。新干县在生态保护扶贫中主要采取了五大措施：(1)人工造林扶贫。2016年，该县贫困村造林面积103.91公顷，可获得造林补助资金31.17万元，对贫困村脱贫有较大帮助。(2)生态补偿扶贫。2016年，该县贫困村集体和个人生态公益林补偿面积2 415.87公顷，获得生态补偿资金63.42万元。(3)退耕还林扶贫。该县21个贫困村有13个实施了退耕还林项目，退耕还林面积216.44公顷，获得退耕还林政策补助40.58万元。(4)森林经营扶贫。该县帮助贫困村发展高产油茶等特色产业，带动林农持续增收。21个贫困村有10个实施了油茶产业项目，发展高产油茶81.83公顷，获得油茶补助资金61.37万元。(5)林业科技扶贫。该县林业局以有发展林业意愿贫困人员为培训对象，每年组织集中培训100人次，通过培训使他们掌握发展林业产业的技术，指导其发展林业生产项目，使其实现稳定增收。

该县生态保护扶贫中主要存在三方面问题：(1)扶贫资金不足与项目投入较大的矛盾。在扶贫攻坚的任务下，很多扶贫产业项目大面积铺开，需要大量资金投入。但县级财力有限，能否持续支撑项目投入是一个突出问题。(2)部分贫困户发展能力不足难以胜任林业经营项目。虽然政府非常重视相关技术培训，但有相当部分建档立卡户自身条件太差，没有从事林业产业的能力。(3)贫困村产业发展难以实现规模化。很多贫困村位置偏远、交通不便，与市场的对接障碍很大，而且很多群众观念落后，对扶贫产业信心不足，短期内难以改变。①

(七)健康扶贫

疾病是贫困人口致贫的主要原因。贫困地区恶劣的自然环

① 邹志俊，彭云生．新干县生态保护扶贫模式探析[J]．中国林业经济，2017(05):40-42.

境、医疗资源的欠缺、社会排斥以及贫困文化的根深蒂固等加剧了贫困户的健康脆弱性,致使贫困人群健康状况发生恶化;疾病会通过物质资本、人力资本以及社会资本的传递导致贫困,从而形成了"贫困—疾病"恶性循环。因病致贫、因病返贫一直是扶贫工作中的重大难题。2015 年 11 月,《中共中央国务院关于打赢脱贫攻坚战的决定》实施健康扶贫工程,保障贫困人口享有基本医疗卫生服务,努力防止因病致贫、因病返贫的情况发生。

以云南省为例,云南省贫困地区自然环境恶劣、产业基础薄弱、自然灾害多发,给群众带来健康隐患;贫困人口缺乏卫生常识,营养供给不足、过多或比例失调,引发一系列疾病;家庭环境卫生差,人畜混居,有的生活用水仍为窖水,厕所和厨房卫生条件堪忧;基层医疗卫生设施薄弱,交通不便,不仅会耽误了病情,而且也增加了就医成本。面对复杂艰巨的健康扶贫任务,云南省实施了五项措施:(1)实施"三个一批",大病集中救治一批覆盖 7.52 万人,截至 2017 年年底已救治 4.29 万人;慢病签约服务批覆盖 13.88 万人,截至 2017 年年底已管理 5.39 万人;重病兜底保障一批覆盖 6 886 人,截至 2017 年年底已救治 5 260 人。(2)建立贫困人口因病致贫动态管理数据库,并将 9 类 15 个病种纳入大病救治范围,在 115 个县实施县域内定点医疗机构"先诊疗后付费"和"一站式"结算模式,县域内救治率达到 92.12%。(3)积极深化上海市、军队和云南省的 73 所三级医院对云南省内 88 个贫困县的 95 所县级医院的对口帮扶。(4)加强乡村医疗基础设施建设,乡镇卫生院、村卫生室建设达标率分别为 98.14%和 98.52%。(5)推动医务人员对贫困人口的对口帮扶,建档立卡贫困人口家庭医生签约服务率达 98.78%。

云南省健康扶贫工作中发现三个主要问题:(1)帮扶措施不够精准,存在措施"一刀切"问题。部分扶贫工作队员不熟悉健康扶贫政策,单位资源以及驻村扶贫工作队员履历有限,无法对因病致贫户提出合理有效的帮扶措施。(2)医疗卫生资源布局不平衡,医疗机构职能错位。全省 93%的省办医院、46%的三级甲等医院、30％的职业医师和注册护士都集中在昆明。三级医院承担了很多二级医疗机构的服务业务，人满为患，乡镇卫生院床位使用率却很低。(3)农村贫困地区环境卫生落后，很多贫困村没有垃圾存放和处理设施，村庄环境“脏、乱、差”，对贫困人口健康形成很大威胁。[①]

(八)教育扶贫

教育扶贫从根本上解决贫困地区的人才短缺问题，为贫困地区长远发展提供智力保障，是精准扶贫的根本之策。2013 年 7 月，教育部会同相关部门下发《关于实施教育扶贫工程的意见》，明确提出把教育扶贫作为扶贫攻坚的优先任务，使教育对促进片区人民脱贫致富、扩大中等收入群体、促进区域经济发展和生态文明建设的作用得到充分发挥。

兴安盟是内蒙古自治区唯一的特困地区，人口以蒙古族为主，还有汉族、朝鲜族、回族等 20 多个民族。针对兴安盟贫困人口集中、贫困区域大的特点，兴安盟出台了一系列政策，实现了从学前教育到职业教育全面覆盖的教育扶贫模式。(1)大力发展学前教育。2014 年起，兴安盟开始贯彻内蒙古自治区“学前教育三年行动计划”二期工程，截至 2016 年 6 月，兴安盟共建设农村幼儿园 233 所，新增学位 8 745 个，学前毛入园率达 90％。(2)均衡发展义务教育。兴安盟针对区域内农牧民生产生活特点，以方便居民生活和学生入学为出发点，合理调整学校布局。截至 2015 年，农村牧区小学校数占全盟总校数的 67.2％；农村牧区初中校数占全盟总校数的 65.2％，九年义务教育巩固率达 93％。(3)引导和推动普通高中多样发展。兴安盟通过出台一系列政策文件，在新课程有效实施、校园文化建设、学校特色发展等方面着力，培育了一大批办学水平高、特色鲜明的普通高中。(4)对接经济社会发展需要发展中等职业教育。兴安盟针对地区教育扶贫目标，

① 李春亭，颜明．云南健康扶贫的现状分析、实施困境与路径完善[J]．云南民族大学学报(哲学社会科学版)，2018，35(03)：77-85.

瞄准市场需求,服务于扶贫开发和产业发展需要,积极加快中职学校专业结构调整。全盟职业学校专业由2014年的33个专业调整到2015年的14个,每所学校重点建设了2～3个精品专业,畜牧兽医、汽车修理、民族工艺等专业已成为全盟优势专业。

兴安盟发展教育扶贫中的主要问题有两个:(1)教育扶贫专项资金短缺、不到位,这是教育扶贫工作中的首要问题。民族特困地区财政薄弱,大多依靠转移支付,存在行政管理费用、各级政府和扶贫机构及其工作人员对教育资金的侵占和挪用,以及面向贫困地区的教育资金被非贫困人员占用等问题。(2)教育扶贫缺乏足够的师资力量保障,师资数量缺口较大,结构不合理问题普遍存在。①

(九)兜底保障扶贫

兜底保障扶贫指充分发挥社会保障兜底作用,确保完全或部分丧失劳动能力的贫困人口稳定脱贫。社会保障兜底扶贫以政府为主要参与主体,通过加强社会保障与扶贫开发的衔接整合,从多渠道筹集贫困地区社会保障兜底扶贫所需资金,精准识别贫困地区社会保障对象,利用社会救助、社会保险和社会福利三大制度,以不同路径和不同方式向贫困人口或贫困家庭提供援助,帮助贫困地区社会保障对象摆脱贫困,提升贫困人口和贫困家庭的生存发展能力。最低生活保障、养老保险和医疗保险是当前中国兜底保障扶贫的主要形式。

社会保障兜底扶贫的主要作用可以归纳为四个方面:(1)保障贫困人口基本生活。农村社会保障制度的健全和完善是对精准扶贫工作的补充和完善,为农村贫困人口基本生活保障建立了"安全网"。(2)促进贫困地区经济发展。社会保障扶贫可以通过释放贫困人口消费需求、提升贫困人口人力资本促进贫苦地区经济发展。(3)维护贫困地区社会运行。社会保障扶贫保障了贫困

① 陈立鹏,马挺,羌洲. 我国民族地区教育扶贫的主要模式、存在问题与对策建议——以内蒙古、广西为例[J]. 民族教育研究,2017,28(06):35-41.

人口及其家庭的基本生活，降低了潜在的社会风险。(4)平衡不同区域收入分配。社会保障扶贫通过国家税收、社会捐赠、慈善福利等方式将一部分国民收入转移给贫困地区和贫困人口，一定程度上缩小了区域收入差异，促进了社会公平。

促进贫困地区社会保障在脱贫攻坚中发挥兜底作用，还需要在充分考虑社会保障体系建设进程、农村贫困地区发展状况以及贫困人口具体实际要求的基础上，进一步完善农村贫困地区社会保障制度供给，优化社会保障兜底扶贫机制设计，完善农村贫困地区社会保障监督管理机制。①

① 公丕明，公丕宏．精准扶贫脱贫攻坚中社会保障兜底扶贫研究[J]．云南民族大学学报(哲学社会科学版)，2017，34(06)：89-96．

第六章　乡村治理：健全现代乡村治理体系

乡村治理作为国家治理的重要组成部分，是实现乡村振兴战略的基石，是实现农村现代化目标、贯彻新发展理念、解放和发展农村生产力的有力保障。加强乡村治理，能有效激发实施乡村振兴战略的动力与活力，最大限度体现人民意志、保障人民权益，有助于打造共建共治共享的良好格局。

第一节　加强基层党组织建设

一、突出农村基层党组织领导核心地位

党的基层组织是确保党的路线方针政策和决策部署贯彻落实的基础。归根结底，乡村振兴的关键是始终坚持农村基层党组织领导核心地位，充分发挥其领导核心作用。

深刻认识坚持农村基层党组织领导核心地位的重要性。农村基层党组织的领导核心地位是由党的性质、地位和农村的实际情况决定的，是在长期实践中形成和确立的。在实践和理论结合的基础上，党章、党内法规和国家法律都对农村基层党组织的领导核心地位予以明确规定。无论农村经济社会结构如何变化，无论各类经济社会组织如何发育成长，农村基层党组织的领导地位不能动摇、战斗堡垒作用不能削弱。这是坚持党在农村领导地位

的内在要求，也是实现乡村振兴的根本保证。

全面领会农村基层党组织领导核心地位的内涵。农村基层党组织领导核心地位，主要体现在基层党组织是确保党的路线方针政策在农村得到贯彻落实的领导核心、是农村各种组织的领导核心、是农村各项工作的领导核心、是团结带领农民群众建设美好生活的领导核心四个方面。这是对农村基层党组织领导核心地位全面准确的概括，对此要全面领会和把握。只有如此，才能胸有全局、统筹谋划，把农村基层党组织的领导核心作用全面、充分地发挥出来。

把握充分发挥农村基层党组织领导核心作用的方法途径和工作重点。围绕乡村振兴目标，团结带领农村群众自觉贯彻中央各项决策部署，推动党的路线方针政策在农村落地生根。持续加强基层服务型党组织建设，推动基层党组织提升服务能力，更好地服务改革、服务发展、服务民生、服务群众、服务党员。

二、强化农村基层党组织战斗堡垒作用

习近平指出，基层是党的执政之基、力量之源。只有基层党组织坚强有力、党员发挥应有作用，党的根基才能牢固，党才能有战斗力。党的十九大报告指出，党的基层组织是“宣传党的主张、贯彻党的决定、领导基层治理、团结动员群众、推动改革发展的坚强战斗堡垒”。

发挥战斗堡垒作用，就要强化农村基层党组织的政治引领。严把政治方向，强化政治定力，注重政治引领，牢牢把握农村基层党组织的领导核心和政治核心作用。宣传和执行党的路线、方针、政策，将上级党委的各项计划和部署直接落实到农民，并转化为农民的实际行动。

发挥战斗堡垒作用，就要提升农村基层党组织的服务水平。发挥基层党组织作为党联系群众的桥梁和纽带的作用，以全心全意为人民服务、维护人民群众的根本利益为出发点，着力提高服

务水平和服务质量,通过强化服务功能让群众更加信赖党组织,从而把群众凝聚在战斗堡垒周围。

发挥战斗堡垒作用,就要凝聚农村基层党组织的战斗力量。推动农村发展,不仅要选好配强农村党支部书记,还要重视配齐班子、带好队伍,凝聚党支部和党员队伍的合力。要强化党性教育,使每个党员在平常时刻“看得出”、关键时刻“站得出”、危难时刻“豁得出”,让党支部树立起群众心中的威信,战斗力逐步增强。

浙江全面实施基层党组织“堡垒指数”管理,每年对农村基层党组织评星定级,并倒排一批软弱涣散党组织。设立基层党建责任清单制度,将完成情况纳入书记述职内容。专门提出基层党组织管理的“十二条”底线标准:(1)学习贯彻落实党的路线方针政策不力,维护以习近平同志为核心的党中央权威和集中统一领导不坚决,拒不执行上级党委政府重大决策部署的;(2)基层党组织领导作用弱,对基层各类组织和各项工作不能实行有效领导的;(3)党组织班子配备不齐,特别是书记长期缺配,工作处于停滞状态的;(4)党组织书记能力素质差、不胜任现职,或长期不在岗、工作不作为,或不敢直面矛盾、不愿动真碰硬,造成工作长期处于落后状态的;(5)班子不团结、内耗严重,工作不能正常开展的;(6)党组织自身建设不重视,组织制度形同虚设,党组织活动不能正常开展,长期不发展党员,党员群众意见较大的;(7)推进治水拆违、“最多跑一次”改革等重点项目、重点工程、重点工作不力,造成严重影响的;(8)宗族宗教宗派和黑恶势力干扰渗透,基层党组织在群众中缺乏凝聚力、号召力、影响力的;(9)历史遗留问题多,社会治安问题严重,“黄赌毒”等问题突出的;(10)基层民主管理混乱,党务村务财务公开不正常,党员干部侵害群众利益问题严重的;(11)全面从严治党工作不力,党员干部违反八项规定问题突出,基层党组织主要负责人出现严重违纪违法行为,或党员干部连续出现严重违纪违法行为受到处分的;(12)党员人数不足3人的。结合开展村级组织换届“回头看”,对农村基层党组织进行全面体检,凡是触碰底线的基层党组织全部列为后进党组织进行整顿转化，推动基层党组织全面进步、全面过硬。把规范组织生活作为硬规矩，党员参加活动、日常考评的情况，都按一定标准量化，计入每位党员的“先锋指数”，评先评优、处置不合格党员时，“先锋指数”均为重要参考。以余姚市梁弄镇横坎头村为例，自2001年行政村撤并后，村里的党员一下子增加到100多人。组织升格了，战斗力也要升级。为了让党组织深深植根在群众当中，切实发挥好党员的先锋模范作用，村党委借鉴“支部建在连上”做法，以自然村为基础，建立了6个“前哨支部”，形成了“村党委—前哨支部—党员骨干（村民组长）—群众”的组织工作体系，凡是涉及自然村的大事小情，都让“前哨支部”的党员先知道、带头抓。通过积极打造和根据地一样坚固的战斗堡垒，党组织的战斗力进一步增强，党员干部事事冲在前、处处作表率，形成强大示范带动效应，有力地推动了横坎头的美丽嬗变。

三、激发农村基层党组织活力

习近平在给余姚市横坎头村全体党员的回信中指出，办好农村的事情，实现乡村振兴，基层党组织必须坚强，党员队伍必须过硬，实施乡村振兴战略关键要有一支能打硬战、敢担当、善作为的基层党员队伍，通过他们一步一个脚印去抓落实、去组织农民群众，制度才能执行到最基层，政策才能落实到“最后一公里”。党的十九大报告指出，要培养造就一支懂农业、爱农村、爱农民的“三农”工作队伍。走好中国特色社会主义乡村振兴道路，基层党员都应该是这样的“三农”队伍中的一员。

当前，农村基层党组织队伍和农村骨干队伍建设中存在很多新情况、新问题，特别是村干部后继乏人现象明显。发达地区优秀人才回流农村创业兴业的虽然越来越多，但受村干部报酬待遇不高等因素影响，担任村干部的意愿不强。一些地方的农村存在发展党员优亲厚友、优秀人才被拒之门外等现象。许多农村大量青壮年外出、优秀人才外流，导致党员老龄化、文化程度偏低、带动能力不够。有的偏远贫困地区农村,基层组织老化、弱化,组织生活有名无实,甚至被黑恶势力把控。一些村干部素质不高,思想观念滞后,带富能力不强,治理水平不高,难以适应新时代农村改革发展要求。不少村里的工作主要靠上级选派的"第一书记"和大学生村官来支撑,这些人积极性较高,能力也强,但他们大多是"飞鸽"牌的,不是"永久"牌的。

必须把选优配强带头人作为农村基层党建重中之重的任务,严把人选资格条件关,大力选拔政治强、能带富、善治理的优秀人才担任村干部,注重在农村致富带头人、乡土人才、新乡贤、务工经商返乡人员、退伍军人、优秀大学生村官等党员中优选村党组织书记。针对一些地方村干部人选少、人难选的问题,注重采取回归、外引、内育等多种手段,吸引高校毕业生、农民工、机关企事业单位优秀党员干部到村任职,加大在优秀青年农民中发展党员的力度,不断做大农村后备干部基本盘,确保换届时"手中有人"。乡村振兴迫切需要一批有知识、有头脑、有热情的大学生"上山下乡"投身其中,要通过给平台、给支持、给机会,让大学生当"村官"成为常态。建立选派"第一书记"工作长效机制,面向贫困村、软弱涣散村和集体经济薄弱村党组织派出"第一书记"。

积极创新符合农村发展趋势的党组织设置方式,理顺农村各类党组织隶属关系,扩大党在农村的组织覆盖面和工作覆盖面。加强区域党建和领域党建融合互动,扎实推进农村基层党建全领域建强、全区域提升。按照地域相近、规模适度、活动便利原则,探索以龙头企业带建、村企联建等方式联合建立区域性党组织。加快推进在农民合作社、农业龙头企业、农村社会化服务组织、"农创客"集聚地、农民工聚居地、农民专业合作社联合会等新领域、新组织、新业态的党建工作,推动农村基层党组织与农村经济组织、社会组织深度融合。及时调整优化村组村改社区、跨村经济联合体的党组织设置和隶属关系,切实加强党组织对农村各类组织的领导。

严格党内组织生活,全面落实"三会一课"、支部主题党日、组织生活会、民主评议党员等制度，提高党员教育管理水平，探索提升党的组织生活活力的途径和方法。注重在农村现有优秀人员、青年农民、在外农民工优秀分子中培养和发展党员，注重让年轻党员在经历难事、险事、急事和大事中实践锻炼，尽快成熟起来。全面深化农村党员管理，认真解决农村党员队伍中普遍存在的老龄化和管理松弛的问题，持续整顿软弱涣散村党组织，稳妥开展不合格党员处置工作，严格日常教育和管理，力求每个党员都成为一面先锋模范旗帜。

第二节　加强村民自治

一、健全完善村民自治机制

（一）健全村民自治组织

健全村民自治组织，在发挥村民自治组织的作用上取得新进展。村民自治组织是村民自治运行的载体。要健全以村委会、村民会议、村民代表会议、村民小组为主体的村民自治组织体系。按照宪法和村民委员会组织法的要求，在党的领导下，围绕民主自治这一中心，主动、全面、创造性地开展工作。只要是宪法和法律允许的，就可以大胆地试，让老百姓充分地行使自己的各项民主自治权利。切实开好村民会议，包括坚持例会制度、保证开会人数、贯彻民主程序，鼓励大家积极发言、切实尊重群众意见等。村民代表要由群众直接选举产生，有代表性和合理的比例结构，并保证议论充分、议而有决、决而有行。要搞好班子建设，发挥好村委会及各下属专业委员会的作用，理顺村委会与经济组织、群众团体和其他社会组织的关系，明确职责，促进村民自治组织进步发挥作用。村包容了较为完整的社会功能和比较齐备的社会组织,可以说,一个村就是一个小的社会。开展村民自治活动,村委会是主体,但也离不开其他各类组织的积极支持和配合,只有大家拧成一股绳,才能共同搞好村级组织建设,形成搞好村民自治的更大合力。

(二)完善村民自治制度

完善村民自治制度,在落实农民当家做主权利上取得新进展。以民主、公开、法制为核心,以村级制度建设为重点,抓好村规民约建设,建立、健全与社会主义市场经济体制相适应的农村制度体系。(1)积极推进制度创新。要通过不断推进制度创新,创造和完善农民群众当家做主的新形式,扩大农民群众有序的政治参与,使村民自治制度更好地体现时代性、把握规律性、富于创造性。(2)认真搞好制度完善。制度需要通过实践来完善,其效果也需要通过实践来检验。要明确涉及村民利益或村民群众普遍关心事项的范围,完善村党组织和村委会联席会议制度、村民会议和村民代表会议制度、村级财务民主管理制度、对村级组织和干部进行民主评议的制度、村务公开和财务公开制度、村干部离任和审计制度以及村民自治章程和村规民约制度等。只有制度健全了完善了,农民才有积极性,村民自治才能有长久的活力。(3)切实抓好制度落实。好的制度要靠落实才能见成效。我们要在推进制度创新、制度完善的同时,一刻也不放松地抓好制度的落实工作。要通过制度创新、制度完善和制度落实,确保民主选举、民主决策、民主管理、民主监督落到实处。

(三)培育村民自治观念

培育村民自治观念,在增强民主法制意识上取得新进展。村民自治机制建设与村民自身权益休戚相关,村民是这些制度直接和最大的利害关系人,也是这一过程中最强大、最活跃的内在推动力。村民能否自觉发挥自身的强大推动力,很大程度上有赖于他们所持的观念,只有村民具备了现代权利意识,在他们的参与和推进下才会建立起一套真正能够代表和维护他们利益的“良法”。因而，增强村民的民主法制意识至关重要，尤其是规则意识、程序意识、权力要受约束的意识。在村民自治工作中，要积极引导村民学法懂法，了解自己的权利，依法维护自己的权利；同时，自觉守法，依法履行作为村民在上缴国家税费、服兵役、计划生育、维护集体财产、执行村民会议决定、遵守村民自治章程等方面的义务。要通过多种形式加强民主法制教育，向村民灌输、传递更多的新观念、新信息，使他们更新观念、跟上新时代的步伐，培育他们的主人翁意识，使其自觉、主动地参与到村民自治的进程中去，以自己的实际行动和努力建设美好家园、创造幸福生活。

二、治理选举中的贿选现象

（一）坚持加强党的领导

加强党对农村工作的领导是有效治理贿选的关键，要坚持把加强党的领导贯穿于村委会选举工作的始终。从近些年的实践情况看，凡是出现贿选的地方，都与重视不够、领导不力、工作简单化有很大关系。要始终坚持党的领导核心地位，充分发挥党的政治优势、思想优势、组织优势，确保村委会选举不偏离正确方向。各级组织部门要牵头抓总，组织足够力量指导村委会选举，把建设一个强有力的党支部作为村委会选举的前提，向每个村派驻由县乡干部组成的工作组，以加强对选举工作的全程指导。特别要注意深入开展摸底排查，摸清党员干部和群众的思想状况，摸清可进班子的人选情况，摸清宗教、家族、帮派势力可能对选举工作产生的影响以及历次换届中出现的问题，有针对性地制定村委会选举工作实施方案和操作规则，精心组织实施，坚决做到法定程序不变通、规定步骤不变更，确保换届选举工作依法依规、健康有序进行，确保把党组织信任、群众满意以及想干事、能干事、会干事且真心为村民服务的人选进村委会。

(二)严格选举操作规程

把贿选纳入《中华人民共和国刑法》和相关法律惩治的范畴,增加贿选的成本。从法律制度入手,完善村委会选举法规,细化选举程序,使贿选者的投机预期降为零。要明确候选人条件,防止素质不高的人靠贿选“混”进村委会班子;规范候选人的竞选行为,防止贿选者“超常发挥”而“冲”进村委会班子;严密竞选过程的全程监督,防止贿选者投机取巧而“钻”进村委会班子;建立司法救济制度,防止贿选者“逃”脱法律法规的追究。要规范竞选规则,实行秘密划票、公开唱票制度,严格有关代笔填写选票、委托他人投票和使用流动票箱等规定。同时,在选举的程序和操作上要有严格的规定,如严格的回避制度、严肃的监督制度、谁具有解释权、具体工作人员的要求等都应有明确的规定,以防止选举中的内部人控制所造成的信息不对称,从法律上抑制贿选的发生。同时,要确保村民的候选人的提名权。

(三)完善约束激励机制

通过约束激励机制减少权力寻租机会,使竞选者不想贿选。健全和完善监督考评制度,按照“公开承诺,全程监督,群众考评”的原则,完善村委会干部“公开承诺”监督考评制度;健全和完善村务民主决策机制,按照“民主管理、民主决策、民主监督、还权于民”的原则,制定重大村务民主决策机制,同时,建立质询评议制度和责任追究制度;健全和完善村级财务管理制度和民主理财制度,建章立制,加强监管,让民做主,凡工程项目资金筹集、招投标方案、对外签订合同、土地征用及补偿等重大开支必须经村民代表会议民主决策,使民知情;健全和完善村务公开制度、基层民主听证制度,请民监管;建立村务监督小组、民主理财小组,财务收据需经民主理财小组核对、会签后才可报销入账;健全和完善村干部考核激励制度,对表现突出、政绩明显的村干部予以表彰和奖励,充分发挥先进典型的示范、导向和带动作用。

(四)落实村民民主权利

村民自治中,村民的民主权利不是仅局限于民主选举方面,还包括民主管理、民主监督、民主决策等方面。"四个民主"是保证村民行使自治权的关键所在,要坚持把民主选举与民主决策、民主管理、民主监督有机结合起来,既要让参选人公正合法地走上村委会领导岗位,也要促其在实际工作中公正履行职责,并完善和加强罢免权的贯彻落实,真正"还权于民",从根本上防止那些企图当选后利用职务之便谋取私利的人搞拉票贿选。"四个民主"共同发展才是我国村民自治的出发点和归宿点,要使村民在热情参加选举投票以后,以同样的甚至是更大的热情投入民主管理、民主监督和民主决策中去。这样才能使村庄的治理真正民主化,村民的生产和生活才能真正得到改善。村民从实行自治中切实受益,才会真正体会到直接选举的重要性,才会更加珍惜自己的民主权利。

三、加快发展公益社保事业

(一)增加政府财政投入

中央财政、地方财政要适当调整财政支出结构,提高社保资金支出比例,加大对农村社保资金的投入。健全完善以政府投入为主的农村教育、卫生和社会事业经费保障机制,合理配置公共资源。坚持以政府投入为主的农村义务教育,进一步加大对县(区)特别是财政困难县(区)的转移支付力度。进一步完善农村医疗卫生保障和社会养老保障制度,积极推进新型农村合作医疗工作,建立、健全农村医疗救助制度,改善农村医疗卫生条件。进一步完善农村居民最低生活保障制度,提高社会保障的覆盖面。同时,制定农村公益事业发展规划,按照"渠道不乱、用途不变"的办法,把分散在各部门的支农项目资金集中起来,设立农村小型农田水利设施建设补助专项资金,对农民兴修小型农田水利设施建设给予适当补助,力争解决一批乡村的重点公益事业项目。支农资金应主要用于改善农村生产生活条件,即水、电、路等基础设施建设和教育、科技、卫生、文化等方面。

(二)完善社会保障制度

着重建立、健全农村最低生活保障制度、养老保险制度、合作医疗制度,从而扩大社会保障的覆盖面及其保障水平。(1)建立、健全最低生活保障制度。要科学确立保障线标准,做到既能保障农村贫困人口的最低生活,又能防止保障标准过高而形成养懒汉的倾向。保障资金的来源应以政府为主,各级政府应做好财政合理分配工作,同时,正确界定保障对象和选择资金管理与保障方式。(2)建立、健全养老保险制度。养老保险的形式要灵活多样,养老保险基金的筹集可实行"以个人缴纳为主、集体补充为辅、政府予以扶持"的办法,并做好养老保险基金的保值增值工作,加强养老保险管理。(3)建立、健全合作医疗制度。这种新型合作医疗制度十分切合农村的实际情况,应予以大力推广。要处理好正确选择合作医疗形式、建立合理的合作医疗筹资机制、合理确定报销比例、逐步提高保障水平、强化管理与监督机制等问题。

(三)提高农业生产能力

推进农村社会保障必须促进农业生产、提高农业生产的效率、加快农村社会的全面发展,关键是提高农业生产能力。要从战略的高度给予农村和农业更大的关注,实实在在地将农村作为我国国民经济的重要增长点,加大农业生产投资的力度,加快改善当前农业生产的条件,特别要做好水利设施建设和土地改良工作。要深刻认识到农业生产的脆弱性,增强农业的抗灾能力。一旦遇到自然灾害,农业生产将会遭受巨大的损失,给农民生产生活和农村经济的持续发展带来严重后果,因此需要从各地农村不同的实际情况出发,制定科学的农业生产计划和管理程序,并配合以完善的社会服务如天气预报、病虫害防治等。要大力推进农村基础和职业教育，开展农村职业培训，提高农民素质，积极引进和普及现代农业生产技术，实现农业生产向集约化、高效益转变，实现农业生产现代化。

（四）推进农村体制改革

城乡二元社会经济结构是农村社会公益和社保事业发展滞后的深刻体制原因。因此，国家应从财政支农、支持小城镇建设、支持乡镇企业发展等各个方面来扶持农村经济的发展，尽快缩小城乡差别，调整城乡二元结构。要从体制上深化改革，以解决农民最基本的生活需要为目标，形成循序渐进、多渠道、多层次、上下统一、良性运转的农村社会保障体系。贯彻工业反哺农业、城市支持农村的方针，把反哺和支持的重点放在农村公益和社保事业上。建立规范的转移支付制度，加大转移支付力度，把用于发展农村公益事业的经费纳入各级财政预算优先安排，并按一定比例逐年加大县（区）级投入。在资金来源上，要在合理划分各级政府财政责任的前提下，通过国家的财政转移支付来解决目前农村中小学的主要教育经费；农村的其他社会公益、社会保障事业则主要由农村集体经济和农民承担。鼓励农民及社会力量兴办农村公益事业，促进投资主体多元化。

四、确保农村社会和谐稳定

（一）消除非制度化参与

所谓非制度化参与，是指那种带有一定激烈性的农民群体性行动，诸如群体上访、暴力抗争以及打砸乡镇政府、围攻执法人员、烧毁公共财物等现象。之所以会出现这些对农村社会稳定构成重大隐患的问题，大多是由于一些事关农民切身利益的问题长期得不到解决，农民的愤怒越积越大，直至诉诸暴力进行抗议。而这些问题之所以长期得不到解决，根本原因是农民缺乏制度化参与民主管理,并以制度化的参与来解决关涉自身利益的渠道。因此,要消除村民的非制度化参与必须完善村民自治制度,实现村民对民主政治的有序参与。村民自治制度构造了村民将村内事务用民主参与的办法予以解决的机制,一旦村民认为且习惯于通过制度渠道来保护自己的权益之后,他们自然会放弃暴力方式参与。一方面,村民自治制度为村民通过制度维护自己的权益提供了渠道;另一方面,制度化的参与可能让村民形成对制度化参与的习惯、依赖和信心,从而减少暴力参与的可能;再一方面,村民自治提供的制度化参与将可能积累下来的矛盾一一化解,有助于防止矛盾激化,消除农村社会不稳定的隐患。

(二)重视农村信访工作

要把信访工作作为化解农村矛盾、维护农村社会稳定、促进农村经济发展的一项重要工作来做。各级领导对信访工作的重视是信访问题能及时得到妥善处理,把不稳定因素消除在萌芽状态的重要因素。从实际情况看,凡是出现上访告状的村,问题都较多,且都是涉及面广,自身又难以解决的问题。这类信访案件必须在初访阶段抓紧结案,否则很容易激化矛盾,形成混乱局面,增加查处难度。因此,各级领导干部要真正把人民信访看成是党和政府联系人民群众的“桥梁”,了解民情的“窗口”,认认真真地为农民解决一些送到手的实际问题,扎扎实实地帮助农民办一些紧迫的事情,实实在在地让农民满意。信访办案人员对上访群众要热情接待不冷淡,对反映问题要及时受理不推脱,对热点难点问题要积极查处不等靠,对已答复了的事情要坚决兑现不拖延,用实际行动取信于民。同时,依法规范信访秩序,教育引导群众理性合法上访。

(三)严惩各种邪恶势力

铲除农村黑恶势力必须标本兼治。要坚决摧毁黑社会性质组织的经济基础,挖出黑恶势力的“后台老板”及其支持者。黑社会性质的犯罪团伙往往以开办各种经济实体为掩护，不断积累经济势力。因此，要坚决打掉黑恶势力的后台和“保护伞”，依法没收其非法聚敛的财产，彻底摧毁他们的政治基础和经济基础。把“打黑除恶”斗争与整顿和规范市场经济秩序有机结合起来，特别要对易垄断、高利润的行业进行清理整顿，堵塞漏洞，加强管理，严肃查处“以商养黑”“以黑护商”的行为，做到除恶务尽，不留后患。事实证明，一些地方之所以黑恶势力犯罪猖獗，就在于少数基层组织的松散和基层工作的不得力给黑恶势力提供了一定的生存空间。因此，要进一步加强农村基层组织的凝聚力和战斗力，发挥基层组织应有的作用，特别对农村黑恶势力的滋生要做到防微杜渐。同时，发动广大群众进行群策群防，各重点区域、重点路段、重点场所、重点村组要加强联防，建立举报制度，将群体性的打架斗殴、流氓滋事、聚众哄抢等恶性案件消灭在萌芽状态，防止地区性的骚乱发生。

(四)做好民事调处工作

近年来，农村治安管理和防范部位增多、各类社会矛盾纠纷增多，民转刑案件突出、集体越级上访事件突出、群众关注的热点和焦点问题突出。这其中，很大一部分属于人民内部矛盾，而要解决好这些人民内部矛盾，必须激励群众主动参与，各部门齐抓共管，做好矛盾纠纷排查调处工作。基层干部要相信群众、依靠群众、发动群众，掌握最新情况动态，发现问题时及时做好疏导化解工作，防止矛盾激化，力争把问题解决在基层。对于民间矛盾纠纷，要充分发挥基层治保、民调组织的作用，早发现、早介入、早调处、早化解，使之化解在萌芽状态、初始阶段。对于一时难以调处的民间矛盾，基层组织要及时向公安、司法部门报告，防止民转刑案件的发生。进一步完善县、乡镇、村三级不稳定因素排查、信息反馈和调处网络，建立村级信息员和调访员的选拔和培训机制，增强预警性，使信息发现得早、情况反馈得及时。围绕提高预测预警、调访能力，定期开展不稳定因素排查活动。在此基础上，从抓早、抓小、抓快入手,确保信息交流畅通,定期召开专题会议,及时掌握信息,认真研究处理矛盾纠纷的解决措施,把纠纷控制在萌芽状态。

五、推进农村精神文明建设

(一)深化教育,培育新型农民

思想是行动的先导,行动受思想的支配。农村精神文明建设能否做实、做好,关键是能否引起人们思想上的真正重视以及农村干部群众是否具有民主意识和法制精神。因此,搞好宣传教育是农村精神文明建设不可缺少的重要环节。各级党组织和政府应加大宣传力度,深化教育,让广大农民群众能够从贯彻落实科学发展观、巩固党在农村的执政基础,从推进农村小康建设、维护农村社会和谐稳定,加强基层民主政治建设、切实保障农民利益的高度,充分认识农村精神文明建设的重要性和紧迫性。通过广泛深入的宣传教育,为精神文明建设的开展打下坚实的思想基础和群众基础。当前,应深化教育,培育新型农民。(1)着眼于提高劳动技能,抓好普通农民教育。加强传统美德教育、科学文化知识教育、社会主义和集体主义教育,倡导健康文明生活方式,增强国家意识和集体观念;同时,加强种植、养殖等实用技术的教育培训,引导他们不断优化种养结构,提高农业生产效率。(2)着眼于促进经济发展,加强农民骨干教育。加强形势政策教育和市场经济知识教育,引导他们把握市场经济规律,依靠诚实劳动和合法经营致富;同时,教育他们增强社会责任意识,致富思源,富而思进,为家乡建设和群众富裕多做贡献。(3)着眼于发挥先锋作用,强化党员干部教育。加强党的思想理论教育和民主法制教育,增强基层党员干部的政治意识、大局意识、责任意识和服务意识;同时,加强农村工作基本知识和市场经济知识培训,不断增强党员干部带领群众发展经济的本领、管理社会事务的本领、处理各种复杂问题的本领。

(二)完善机制,推动工作落实

农村精神文明建设重点在乡村,关键在县市委,而党政一把手又起着十分重要的作用。搞好农村精神文明建设是党在农村工作的一个重要组成部分,是全社会的共同责任,需要党政齐抓、上下配合、全社会共同努力。为此,必须建立和完善领导体制和运行机制,实现工作的规范化和制度化。(1)完善领导体制,解决好谁来抓的问题。各级党委要切实加强领导,认真学习宣传中央关于精神文明建设的指示精神,对农村精神文明建设的现状进行深入细致的调查研究,在总结经验、分析问题的基础上研究制定加强和改进的措施。对于搞好农村精神文明建设,各级党委、政府应建立明确的责任制,并作为考核干部政绩的重要依据,为农村精神文明建设工作的制度化、经常化奠定基础。(2)加强基层组织建设,解决好抓落实的问题。要搞好村级组织建设,特别是党支部、村委会的建设,使之成为能够带领农民勤劳致富、进行精神文明建设的坚强领导集体。发挥好群众组织的作用,充分发挥镇村民兵、妇联、共青团组织以及其他群众自治组织的作用,形成在镇村党组织领导下的各基层组织协调运行、民主管理的新模式,共同做好群众的思想政治工作,用社会主义的思想道德观念和健康文明的文化生活占领农村阵地。(3)加强文化阵地建设,解决好文化产品的问题。抓好一批县、乡、村文化阵地建设,县级要做到宣传文化设施配套、队伍健全、活动经常,乡镇要形成一乡一品的农村精神文明格局。同时,要为宣传文化工作者创造良好的工作环境,配齐配强宣传文化干部,并切实解决他们的一些实际困难。

(三)围绕中心,增加财政投入

发展农村经济、提高农民收入、引导农民致富奔小康是现阶段的中心任务。精神文明建设作为农村工作的一个重要组成部分,理所当然要为农民奔小康服务。抓精神文明建设应当放到这样一个大背景中来抓,重要的是要帮农民解放思想、更新观念、走向市场。精神文明建设不仅是手段,也是目标。只有明确这一点,农村精神文明建设才能搞好,才能真正贯彻“两手抓,两手都要硬”的方针。当前,农村精神文明建设中出现的诸多问题,从一定意义上讲是投入不足造成的。有投入才会有产出,离开了增加投入这一条,加强农村精神文明建设就是一句空话。增加投入要开辟多条渠道,走深化改革的路子。要增加各级财政投入,把农村教育、科技、思想、文化的发展放在农村各项事业发展的重要地位,纳入各级政府经济社会发展的长远规划,列入财政预算,其投入要在各地财政收入中占有一定的比例,并随着经济的发展逐年增加,在投入的比例上要适度向农村倾斜。同时,建立多渠道教育投资机制,根据农村对不同人才的需求情况,按照谁投资谁受益的原则,鼓励各种社会力量兴办农村基础教育和成人教育。要深化文化体制改革,鼓励农村文化部门与城乡经济实体联姻,对文化体制改革中的富余人员,劳动人事部门要帮助消化、妥善安排。要根据市场需求因地制宜,发挥地方资源优势,发展农业产业化、规模化经营,增加农民收入,千方百计扶持乡镇企业、村办企业的发展。集体经济壮大了,有了物质基础,农村精神文明建设活动也就好开展了。

第三节　坚持乡村德治与法治相结合

一、提升乡村德治水平

(一)强化道德教化作用,树立良好道德风尚

深入挖掘乡村熟人社会蕴含的道德规范,结合时代要求进行创新,通过完善村规民约、居民公约等,培育规则意识、契约精神、诚信观念,引导农民向上向善、孝老爱亲、重义守信、勤俭持家。

建立道德激励约束机制，引导农民自我管理、自我教育、自我服务、自我提高，实现家庭和睦、邻里和谐、干群融洽。深入实施“四德工程”，广泛开展好媳妇、好儿女、好公婆等评选表彰活动，开展寻找最美乡村教师、医生、村干部、家庭等活动。深入宣传道德模范、身边好人的典型事迹，鼓励见义勇为，弘扬真善美，传递正能量，树立良好道德风尚。弘扬传统文化，打造文明社会风气，营造良好社会氛围。

（二）加强乡村德治建设，倡导以德治村

加强乡村德治建设，通过道德力量，规范道德行为，推动乡村崇德向善。发挥道德模范示范带动作用，引导群众转变思想观念、崇德向善、见贤思齐、树立向上向好的良好风尚。探索建立“乡村道德银行”和“道德档案”的激励机制，以银行运行理念考核村民道德行为，予以表彰和奖励，树立榜样，党员带头，引导村民积小善为大善，积小德为大德，形成“蝴蝶效应”，让群众形成道德建设的自我推动力。

制定村规民约，将乡风民俗、环境卫生、遵纪守法、勤劳致富等内容纳入村规民约，形成制度化的规范，倡导村民自行遵守村规民约，用道德的力量来引导农村形成新的乡风民风，倡导以德治村。扎实推进移风易俗、树立文明新风行动，教育引导党员群众崇德向善。组建移风易俗文明劝导队和志愿服务队，抵制各种陈规陋习、封建迷信等不良社会风气，提高乡村文明程度。

充分利用农村优秀基层干部、老党员、退休教师、返乡能人等组成的新乡贤，解决家庭矛盾、邻里矛盾等群众矛盾和民间纠纷，让他们成为弘扬农村社会新风尚和建设美丽乡村的新鲜“血液”。

（三）传承优良家风家训，提升道德素养

开展优秀传统文化传播，立家训家规、传家风家教，推进家风建设、文明创建，传习优良家风家训，助力乡村振兴。举办“讲家风诵家训”“家风家训进讲堂”活动，用平凡事迹感动乡邻，滋养民

风,传递社会正能量。以小家文明构筑大家风尚,培育社会主义核心价值观。

发挥优良家风家训的正向外部效应,推动社会文明进步,让优良的家风家训成为一种信仰,引导社会新风尚。以家风带民风,以民风促乡风,打造风清气正、文明和谐的美丽乡村。将优良家风家训引入到党风廉政教育,提高党员干部严于律己、洁身自好的自觉性。引领新乡贤投身家乡公益事业建设,建设家乡文化中心,打造家风家训传承教育基地,开展新乡贤课程,讲授优秀传统文化、家国情怀、优良家风家训等,改善民风,提升村民的道德素养,树立村民社会公德意识。充分利用社会志愿组织力量开展优良家风家训培训活动。在寒暑假,鼓励大学生志愿者服务农村、关爱留守儿童,弘扬优秀传统文化。

(四)培养健康社会心态,营造健康氛围

培养健康社会心态,建立有效的社会心态心理疏导及调节机制,在基层党组织综合治理中心提供社会心理咨询服务。健全社会保障制度,扶助弱势群体,加强人文关怀,增强社会安全感。加强对流浪乞讨、孤寡老人、留守儿童妇女及精神障碍患者等群体的人文关怀、心理疏导和危机干预。

聘请专业社会工作者或心理辅导人员、志愿者,开展心理健康宣传教育和心理疏导,帮助农民群众解决心理困惑与矛盾,引导群众向积极心态发展。丰富健康社会心态传播方式,利用媒体、信访机构、政府官方网站与热线等,畅通群众利益诉求的渠道建立民情、社情信息反馈机制,使群众的意见与建议拥有反馈的渠道和空间。

二、开展法治乡村建设

(一)开展农村法治宣传工作,营造良好的法治环境

党的十九大报告指出,要“加大全民普法力度,建设社会主义

法治文化”。开办“法律讲堂”,开展“法律进乡村”法治宣传教育活动,广泛开展农村土地流转、土地承包、邻里关系、家庭婚姻、债务纠纷、民间借贷、子女赡养等与乡村干部群众生产生活息息相关的法律法规知识宣传,以案释法,增强农村基层干部群众的法治观念和依法维权意识,在乡村形成办事依法、遇事找法、解决问题用法、化解矛盾靠法的良好法治环境。推进“民主法治示范村”创建活动。健全农村法治人才队伍建设,为每个行政村配备一名律师,同时,作为法律顾问,推进乡村法治工作。

丰富农村法制宣传形式,以法制宣传一条街、法治书屋和法治文艺演出等形式大力开展法治文化宣传工作,使得农民群众在潜移默化中增强法律意识和法治观念。提高农民法治素养,引导广大农民增强遵法学法守法用法意识。

(二)增强基层依法办事能力,加大法治乡村建设力度

增强基层干部法治观念、法治为民的意识和依法办事能力,增强党员干部依法决策、依法办事的自觉性,将政府涉农各项工作纳入法治化轨道。深入推进综合行政执法改革向基层延伸,推动执法队伍整合、执法力量下沉,探索建立乡镇(街道)综合执法平台,加大农村的执法力度。加强执法监督,将依法办事纳入党员干部政绩考核评价机制,与年度考核挂钩,并作为干部选拔使用和评选先进的重要依据,以此来激励基层干部依法办事。强化组织领导,制定出台“法治乡村建设实施细则”等规范性文件,确保法治乡村建设有章可循,并在人员、工作经费等方面给予保障。

(三)健全农村公共法律服务体系,加强农村法律救援

健全农村公共法律服务体系,推进法律援助进村、法律顾问进村全覆盖,加强对农民的法律援助和司法救助。扩大法律援助范围,为困难群众提供法律援助。加强与高校联合,发挥

高校专业优势,利用高校组建法律服务志愿者队伍,为广大干部群众提供法律咨询服务和法律便民服务。建立健全乡村调解、仲裁、司法保障的农村土地承包经营纠纷调处机制。

(四)全面建设平安乡村、智慧乡村

加强治安突出问题排查整治,深入开展扫黑除恶专项斗争,严厉打击农村黑恶势力、宗族恶势力,严厉打击黄赌毒、盗拐骗等违法犯罪。依法加大对农村非法宗教活动和境外渗透活动的打击力度,依法制止利用宗教干预农村公共事务。切实抓好农村矛盾纠纷排查调处工作,借鉴推广浙江"枫桥经验""齐贤大调解"模式,创新群众工作方法,健全完善村居、社区人民调解组织网络,全面推行智慧民调系统,善于运用法治思维和法治方式解决涉及群众切身利益的矛盾和问题。加强对乡村留守老人、妇女儿童等的强化服务教育,提高其自我防范意识和能力,确保其人身和财产安全。

加强农村公共安全防范工作,做好农村公共安全教育,积极做好对地震、洪涝等自然灾害和突发事件的监测预警。加强对农村用电、用水、卫生等安全防范工作的指导、监督与管理。强化乡村安全生产监管,防范各类事故发生。加强农村治安防控体系建设,建立健全农村治安防控网络体系,积极实施农村警务战略,充实农村基层警务力量。建立"一村一辅警",打通农村治安治理"最后一公里"。

推动乡村治安防范网络化、信息化,积极完善县、乡、村三级综治中心功能和运行机制,建设布局合理、技术标准统一、视频资源共享的数字化、集成化、网络化、智能化的全时视频监控系统。强化网格化管理,以现代信息技术为支撑,深入实施"雪亮工程",继续深化平安智慧村庄(社区)创建活动,构建人防、技防、物防深度融合的农村治安防控体系。

第四节　乡村治理的智能化发展——以"村情通"为例

习近平指出:"要更加注重联动融合、开放共治,更加注重民主法治、科技创新,提高社会治理社会化、法治化、智能化、专业化水平,提高预测预警预防各类风险能力。"[①]浙江省龙游县"村情通"的诞育,充分体现了社会治理智能化的发展趋势。有效发挥信息化技术在乡村治理中的积极作用,对形成有效社会治理、良好社会秩序,具有重要的价值。

一、"村情通"的缘起

随着社会经济的不断发展和生产力水平的提升,原先相对封闭、单一的乡村社会变得更具开放性、复杂性、多元性,随之也带来了基层组织核心作用发挥难、发动群众不及时、民生诉求渠道单一、村民自治平台缺乏等诸多问题。

(一)基层党组织核心作用发挥难

当前,随着各项改革的不断深入,社会矛盾日益凸显,农村民生诉求、民主诉求、利益诉求等大量涌现,做好群众工作的任务越来越重、难度越来越大,基层党组织的核心作用显得尤为重要。但从实际情况来看,目前,农村党建因为缺乏有效抓手和具体载体,存在不少困难与问题:党组织对党员管理不到位,缺乏凝聚力、战斗力;农村流动党员多、"隐性"党员多、党员干部"进城"多"三多"现象相当普遍,部分农村党员长期外出务工或经商,组织

① 中共中央文献研究室.习近平关于社会主义社会建设论述摘编[M].北京:中央文献出版社,2017:135.

关系在村里,人却游离于党组织之外,存在去向难掌握、活动难开展、管理难落实、党费难收缴、作用难发挥“五难”现象,党员的先锋模范作用难以发挥。党组织服务群众能力不强,与新时代群众服务工作存在不少差距。

(二)村情民情信息掌握难

由于现代化进程的加速,传统的农耕生产生活方式已淡出人们的视线,干农活从“户挑担”“扛牛耕”变成了“拖拉机”“收割机”,农业生产率大大提升。同时,随着土地改革的推进,一些农户将土地流转给种粮大户,农民“洗脚上田”走出农村,村情民情的动态信息掌握更加困难。此外,取消农业税之后,过去乡、村两级干部走访农户催缴农业税的常态已经改变,走访农户、了解民情多半还是停留于文件要求层面,没有真正落地。加上村里缺少从事村情民情档案调查记录专门人员,大多数社情民意仅存在村干部的印象中。随着村级组织三年一换届、档案消失等问题普遍存在,村干部不了解村情动态、不掌握农户信息已成为常态。

(三)偏远山区群众办事难

大多农村地区离城区集镇路途遥远,尤其是偏远山区,交通出行条件差。山区群众文化程度普遍不高,获取信息渠道较少,加上部分办证办照审批事项多,办事流程烦琐,群众一次办不成,来回跑是常事。如大力山村,地处县城最北端,海拔 900 多米,共 20 个自然村,每个自然村比较分散,到乡政府所在地约需要 45 分钟,到县城则需要一个半小时左右。村民进城办事一般由村党支部书记代办服务,而且一件事情跑多趟也是常有之事,群众办事极不方便。据初步统计,20 多年间,大力山村村支书先后用坏了 4 辆摩托车,总行程将近 50 万公里,可以绕地球 12 圈,被村民称为“跑腿书记”。①

① 康晓强.“村情通”:新时代乡村治理新模式[M].北京:人民出版社,2018:26.

（四）基层群众参与治理难

时代在发展，社会在进步，电视、手机、网络的普及，带来信息传播的巨大变化。农村群众在关注搞好自家生产的同时，参与村庄管理、加强村干部监督、表达个人意见等民主诉求越来越强烈。与此同时，少数村干部出于个人目的，故意为村民参与村级治理设置种种障碍，农村群众与村干部之间的“鸿沟”越来越大。基层群众参与乡村治理的桥梁和纽带出现“裂痕”，群众参与自治的平台、载体的搭建非常迫切。

（五）农村群众动员组织难

农村群众特别是山区群众居住分散，以往家家户户的有线小广播已经被有线电视取代，加上村内多为留守老人、妇女儿童，遇上灾害天气等突发状况需要组织动员村民转移，多以人工上门通知的传统形式为主，与及时动员转移群众、保障生命财产安排的工作要求差距甚大。如庙下乡，地质灾害（隐患）点有 10 处，监测重点户近 20 户，每逢汛期，山区风化残坡积土体滑坡、崩塌、泥石流等危害极有可能发生。为此，该乡专门组建 15 名地质灾害监测员，做到日常每周一次巡查汛期不间断巡查，并建立汛期非常时期的 24 小时值班制度。同时，还要组织村“两委”干部、巡查员分组逐一入户宣传预警，在地质灾害点设立警示牌，不仅耗时费力，而且效率十分低下。①

二、“村情通”的基本架构

（一）“村情通”的总体框架

“村情通”系统硬件服务器架设在政务云端，并使用安全可靠

① 康晓强．“村情通”：新时代乡村治理新模式[M]．北京：人民出版社，2018：27．

的服务器软件和数据库保证系统访问的稳定,同时,应用网站应用级入侵防御系统和访问地址隐藏技术,并部署入侵防御系统和硬件防火墙,保证网络访问的安全和服务器安全。在数据备份方面,“村情通”对数据库定时异地备份,确保系统在遇到意外时数据不丢失。

在端口设计上,“村情通”包括微信端、钉钉端和PC端等三个端口。三个端口各自扮演着不同的角色,发挥着不同功能,从各个方面、各个角度体现了“村情通”基层治理、便民服务作用,力图做到乡村基层治理和便民服务全方位、无死角。

“村情通”在自身不断发展完善的基础上,逐步完成与“四个平台”“最多跑一次”改革接口的对接。“一长三员”可以通过“村情通”将村一级和乡镇一级无法处理的事件一键上报“四个平台”,村民可以通过“村情通”实现“在线办事、指尖办事”。村庄治理逐渐实现“小事不出村、大事不出乡”,不仅大幅度减少了群众办事东奔西跑的来回折腾,也极大提高了各部门和“一长三员”的工作效率,推进了基层治理和便民服务的“大融合”。

(二)“村情通”的三大构件

1. 微信端

微信端主要面向广大群众,包括村内常住和外出务工人口,助推县内和县外群众多方面、多角度对村庄事务的了解和参与。同时,体现了村内党员的自我管理和自我监督意识,初步实现了“离家不离党、流动不流失”的基层管理机制。

微信端页面主要包含首页、党员先锋、美丽乡村、平安服务四大板块。

首页板块展示“村情通”基本构架。“导航”含村“两委”成员、协商民主信息和各类问卷活动信息的公示,涵盖村级治理体系所需要的基础架构。

党员先锋板块展示党员活动、学习等风采。设“本村党员”

“最新活动”“积分排行”等栏目，县委组织部对党员实行考评“零基积分法”，每月1日将上级精神、时代先锋学习课件上传到“村情通”，并设定学习时限和学分。党员登录后可以随时随地通过手机学习，并获得学习分。通过参加各类实事活动获得活动分、好事分，党员的积分实时排行公示。群众可以看到全村党员的活动及积分排行，可以点赞评议。党员的表现一目了然，有效激活了基层的“红色细胞”。

美丽乡村板块图文并茂展示公共环境农户卫生状况，主要包含“随手拍”“红黑榜”“排行榜”等功能。一旦村民随时随地“随手拍”上传反映脏乱差现象或破坏环境行为，网格员的手机会立即收到“报警”信息，第一时间组织人员进行处理这样，人人成为巡查员，脏乱差无处遁形，实现了群众自治。村卫生监督小组成员每月定期不定期对村民庭院环境开展明察暗访，每次督查后各选部分“整洁户”和“不整洁户”，在“红黑榜”中公布，有利于农户间相互监督。每户实行二维码评分制度，村卫生监督员通过手机扫一扫村户的二维码，就可以对其卫生状况进行评分，并当场拍照附说明。每户的得分在排行榜中实时显示，排行榜成为环境整治的一面“镜子”，并在村民中形成比学赶超的良好氛围。

大平安服务板块内设“全科网格”“群防群治”“12345”等相关单位部门模块。“全科网格”公示全科网格组成构架，让村民了解办什么事该找什么人。“群防群治”及时发布辖区治安动态，宣传各类安全知识和普及防范常识，增强村民公共安全意识。此外，“12345”对接公安、卫计、便民服务中心、农商银行等相关部门，实现事项网上受理，尽量让村民“最多跑一次、跑也不出村”。

2. 钉钉端

钉钉端主要包含首页、村务、党建、洁美、平安等五个板块，主要面向“一长三员”和村“两委”成员。“三务”公开村情动态发布、村民信箱回复、网上预约处理，村民信息录入、党员实事审核等事务的处理，全部集中在钉钉端。通过钉钉端办理业务极大地提高了办事效率,原来需要一个月办理的事项现在只要几天甚至几个小时就可以完成,真正实现了沟通“零距离”。

3. PC 端

PC 端主要面对的是县综合信息指挥中心和乡镇(街道)的综合信息指挥室,主要功能是对后台数据进行统计、汇总和分析。通过 PC 端能够实时了解各乡镇的关注人数、实名认证人数、活跃指数等宏观数据,不仅实现了上级对“一长三员村“两委”等办事人员工作的实时监控、监督,也实现了对各类数据的精准精确分析,为优化基层治理和公共服务提供大数据参考。

第七章　人才振兴：新型职业农民的建设与培养

农业农村部部长韩长赋说，未来种地要靠新型职业农民。新型职业农民不仅能种地，而且有能力把地种好！他们把资本、科技、机械等现代因素融入农业农村，实现农业的高质量、高效益、绿色化发展，带动乡村振兴。

第一节　新型职业农民的特点和作用

一、新型职业农民的内涵

（一）新型职业农民的概念

目前，我国的“农民”概念从广义上理解多指“农业人口”，指的是“农业人口”的一种身份。1958 年以后，随着户籍制度的实施，我国开始将持有农村户口的农村人口统称为“农业人口”，与此相对应的是“非农业人口”，“农民”即泛指“农业人口”。在这种定义下，在不同的语境中的“农民”这一词汇往往不是一种职业含义，更多的是一种社会等级、个人身份、社会资源占有状况、生存状态、社会组织形式，甚至是一种文化模式和社会心理结构，因此，我们把这种按身份划分的农民称为“身份农民”。“身份农民”反映了我国二元社会结构的现状。户籍制度及其相关政策赋予农民的这一不公平的身份,是造成我国当前农民素质不高的重要原因。

新型职业农民是以农业为职业、具有相应的专业技能、收入主要来自农业生产经营并达到相当水平的现代农业从业者。新型职业农民是相对于传统农民和兼业农民而言的。在此概念提出来之前,国家曾提出新型农民和职业农民的说法。新型农民是在2005年党的十六届五中全会中提出的,即为适应现代农业发展和建设社会主义新农村的需要,切实提高农民文化素质和技能水平,培养的有文化、懂技术、会经营的新型农民。新型农民强调的是时代性、现代性。职业农民强调的是农民职业属性,突出农民的专业特点。职业农民是为了区别身份概念的农民,是专门从事农业生产和经营的农业从业者。新型职业农民将新型农民和职业农民有机地结合起来,是适应我国农村劳动力结构变化和现代农业发展的新形势的需要,体现了农民从身份向职业的转变,从兼业向专业转变、从传统农业生产方式向现代农业生产经营方式转变的特点。

(二)新型职业农民的分类

1. 生产型职业农民

生产型职业农民是指掌握一定的农业生产技术,有较丰富的农业生产经验,有一定的资金投入能力,收入主要来自农业的农业劳动力,直接从事园艺、鲜活食品、经济作物、创汇农业等附加值较高的农业生产的群体。如种植大户、养殖大户、加工大户等。

2. 技能型职业农民

技能型职业农民是指具有一定专业技能,在农民合作社、家庭农场、专业大户、农业企业等新型生产经营主体中较为稳定地从事农业劳动作业,并以此为主要收入来源的农业劳动力,主要是农业工人、农业雇员以及技术指导人员等。

3. 服务型职业农民

服务型职业农民是指掌握一定农业服务技能，服务于农业产前、产中和产后，并以此为主要收入来源的农业社会化服务人员，主要是农村信息员、农机服务人员、统防统治植保员、村级动物防疫员等农业社会化服务人员。

4. 经营型职业农民

经营型职业农民是指有资金或技术，掌握农业生产技术，有较强的农业生产经营管理经验，主要从事农业生产的经营管理工作的群体。主要包括农民专业合作社负责人、涉农企业领办人、家庭农场领办人等。

(三)新型职业农民的特点

1. 以专业化为手段，强调传统兼业农民向各类专业农民的变革

传统的农业生产是“小而全”，农民的兼业化现象较为严重。新型职业农民与传统农民相比，更加强调以专业化为手段，实现从兼业农民向各类专业农民的转变。随着农村生产力水平的提高和分工分业的发展，无论是种养、农机等专业大户，还是各种类型的农民合作社，都集中于农业生产经营的某个领域、品种或环节，开展专业化的生产经营活动。从全球范围来看，农业分工分业是现代农业发展的大势所趋。在现阶段，我国重点培育的新型职业农民包括三种类型，即生产经营型、专业技能型和社会服务型。其中，生产经营型农民作为现代农业生产中的“白领”，是新型职业农民培育的重中之重。每类新型职业农民对专业化的要求都比较高，都需要具备扎实的专业知识和娴熟的专业能力，以适应现代化农业生产的需要。因此，在培育新型职业农民的过程中，要不断提高其专业化水平。

2. 以市场化为导向,强调传统经营方式向现代经营方式的变革

我国传统农业生产经营体系是一个自给自足的、封闭的体系,与市场缺乏足够的交流,农民通过购买生产生活资料,出售农产品来部分地参与市场交换,以满足自身的需要。相对来看,现代农业与市场的联系更为密切。随着社会主义市场经济体制的逐步完善,市场在资源配置中的作用日益突出。作为现代农业生产的新生力量与领军群体,新型职业农民更加强调以市场为导向,灵活运用市场运作机制,追求自身经济利益的最大化,从而实现现代农业生产经营方式的变革。在工业化和城镇化的大背景下,新型职业农民具有较强的开放性和流动性,倾向于根据市场需求发展农业商品化生产,并控制生产规模,围绕提供农业产品和服务组织开展生产经营活动,形成产前、产中到产后的产业链条。随着农业现代化进程的推进,作为新型职业农民成长内发动力的市场,在现代农业生产经营体系中发挥着越来越重要的作用。

3. 以高素质为特征,强调传统技术培训到现代培育体系的变革

现代农业发展方式从粗放式向集约式的转变,对农村生产力和生产要素的要求越来越高,相对于技术、土地和资本等生产要素,人力资本在现代农业发展方式转变过程中的作用越来越突出。在此背景之下,为了实现农业的现代化,加强新型职业农民的培育已经到了刻不容缓的地步。与传统农民相比,新型职业农民的典型特征是高素质,不仅需要有扎实的专业知识和技能,而且需要有宽广的视野、综合的管理能力、优良的职业道德等综合素质。这一要求意味着对新型职业农民的培育应该是全面而系统的农民职业教育,而不是简单的短期技能培训。新型职业农民的培育涉及多个方面的内容,包括专业认知的引导、实操技能的训练、综合能力的培养和职业道德的教育等。全面而系统的新型职业农民教育不仅告诉农民怎么做,而且告诉农民为什么这么

做，从而在观念、能力和道德等方面全面使新型职业农民的素质得到提升。

二、培育新型职业农民的重要作用

（一）有助于推进城乡资源要素平等交换与合理配置

推进城乡一体化，首先就是要做好劳动力统筹，在让一批农村劳动力尽快真正融入城市的同时，必须提高农业、农村吸引力，让一部分高素质劳动力留在农村务农。加快建设现代农业，要求全面提高劳动者素质，切实转变农业发展方式。新型农业经营主体培育的重点是农民、农户，国家政策支持的重点是新型职业农民。

（二）有利于推进农业经验技术、优秀文化理念的传承和发展

培育新型职业农民有利于农业经验技术、优秀文化理念的传承，是新农村建设的主力军。我国是一个农业大国，农业生产具有悠久的历史，积累了宝贵的农业生产经验和优秀的农业生产智慧，作为现代化农业的继承者，新型职业农民具有较高的文化素质和科技素养，可以更快、更好地继承传统农业生产的经验和优秀文化理念，解决“谁来种地”和“怎样种地”的问题，可以使我国农业、农村焕发新的生机与活力。

（三）有利于落实政府惠农政策

传统农民由于文化水平不高客观上阻碍了国家各项惠农政策的落实，而“新型职业农民”理解国家的农业政策是对其素质的基本要求，这大大降低了国家惠农政策的实施成本，有利于各项惠农政策的落实，有利于国家对农业的扶持和调控，使国家的惠农政策和政府服务更具针对性和实效性，从而实现宏观调控农业的目的。同时，“新型职业农民”便于接受现代保险的理念和法律

意识,懂得利用法律来保护自己的正当权益,增强了抗御风险的能力。

(四)有利于农业的科技水平和机械水平的提高

传统农业生产以家庭为单位,科技含量低,机械化利用率不高,属于粗放型、分散型农业,不利于现代农业的规模化、产业化、集约化生产。新型职业农民具有满足现代农业生产、经营、管理所需的科技文化素质、生产技能和职业道德水平,他们有利用科技和机械来提高农业生产附加值的意识和现实需要,会主动、积极地利用先进的农业科技技术和机械,从而达到农业规模化、集约化、产业化生产的目的。

第二节 新型职业农民的素质要求

一、思想道德素质

思想素养包括人的人生观、价值观、世界观、社会观等。道德是以善恶为评价标准,以人的信念、社会舆论、传统风俗为评价尺度的人的行为规范的总和。道德素养是人们的道德认识和道德行为水平的综合反映,包含个人的道德修养和道德情操,体现着一个人的道德水平和道德风貌。

(一)思想素质要求

1. 正确的人生价值观

树立正确的人生价值观是衡量新型职业农民人生态度和人生价值的重要方面。要从客观实际出发,采取科学求实的态度来想问题和办事情,认清人与自然、人与社会的关系,克服挥霍浪费、摆阔气、讲排场的不良风气，把个人致富与集体致富、勤劳致富与勤俭持家有机结合，抵制和反对拜金主义、享乐主义、极端个人主义，具有热爱农业、献身农业的良好品质，树立幸福、乐观的人生观，对人生抱有积极乐观的态度。

在新时期，新型职业农民的价值观应该是理性的，是用来评价自己合意的目标的准则，是对周遭社会存在的反映，要正确地对待金钱、权力、地位，正确处理理想与现实的关系。避免盲从、理性消费，量入为出、适度消费，以群体和社会的利益为中心，努力为农村的建设做出贡献，以实现自己的人生价值。社会主义新型职业农民应成为思想观念新、创新精神强、科技知识精、致富信息灵的新农村建设领跑者。

2. 较强的集体主义精神

集体主义是社会主义精神文明建设主旋律的重要组成部分。它凝聚着广大农民群众投身建设社会主义新农村的全部力量，是培育社会主义新型职业农民的基本要求。新型职业农民要能够认清社会主义制度的优越性，坚持共同富裕的发展方向，教育、引导周边广大农民群众发扬团结互助的集体主义精神，并能正确认识和处理国家、集体、个人三者之间的利益关系。认清国情，坚定社会主义信念，只有爱祖国、爱集体、爱新农村，才能在建设新农村精神的感召力下感受社会主义制度的优越性。

3. 较好的民主法制观

一个国家公民法律水平的高低，反映了国家法制化、民主化的程度。法律素质是指人们所具有的法律知识、法律意识以及自觉应用法律处理问题、解决问题的基本能力。它由法律知识、法律心理、法律观念、法律理论、法律信仰等要素整构建而成。具有较强的民主法制观念，是新型职业农民的重要特征之一。在农村，建设民主法制事关农村经济发展和社会稳定，是社会主义新农村建设必不可少的重要工作。民主和法制能充分保障农民当家做主的权利,是农民合理表达自己意愿的有效方式。新型职业农民应是具有较好民主法制观念的农民,要积极参与农村基层民主法制建设,学法、知法、懂法、守法、普法,学会用法律武器保护自己的权益。

在民主方面,要依据国家的政策和法令以主人翁身份直接参与决策,参与管理农村社会生活领域的各项事务,从而树立起较强的民主意识和法制观念,养成良好的民主习惯。共同制定村规民约,具有较强的政治参与意识、自我表达意识、自我管理意识以及主人翁意识,积极主动地参与民主选举民主决策、民主管理和民主监督,学会珍惜自己拥有的民主权利,通过合法途径表达自己的愿望和民主诉求,保障自身的民主权利。

在法制方面,树立法制观念,提高依法办事的能力。要以农村的实际情况为基础,做好普法宣传工作,使广大农民了解与自己的生产生活有关的法律法规,了解应有的权利和义务,做到正确行使权利,自觉履行义务,遵纪守法,提高维护社会稳定的自觉性。

4. 较强的市场竞争观和效率观

社会主义市场经济已经初步建立,并在逐步完善中。农村市场经济作为市场经济不可缺少的部分,正随着建设社会主义新农村的进程不断完善。改革开放四十余年来,市场与市场经济已经逐渐深入我们的经济生活,农业活动也在其中。市场经济是竞争经济,竞争就必须按优胜劣汰的规律行事。

新型职业农民要适时打破与当前市场经济不相适应的传统小农经济,提升竞争能力和应变能力。新型职业农民应该树立与市场经济和社会化大生产相联系的竞争观和效率观。要适应市场经济发展的需要,农业生产也必须以市场为导向,摆脱传统农业那种自给自足的生产状态,摆脱安于现状的小农意识和“重农轻商”的传统观念,掌握市场经济运作的规律,根据市场的需求,生产适销对路的产品。只有这样才能有利于捕捉各种新的信息,随时掌握市场动态,对市场规模、需求情况、发展趋势等做出科学预测,按照市场需求组织生产,积极地参与市场竞争,从而更好地促进农业和农村经济的发展。

5. 敏锐的信息观、政策观和创新观

信息化时代,一个人的思想观念只有不断更新,才能与时俱进。观念决定着发展的思路,思路决定着发展的出路,出路决定能否在市场经济中致富。新型职业农民应当关心国家大事,了解党中央关于农村经济建设和发展方面的各项政策,真正理解社会主义新农村建设的宏伟蓝图。这些对于搞好生产、劳动致富具有重要的指导意义,只有了解了国家相关的农村政策,农民才能根据国家和社会的需求来计划自己的生产,把国家和社会的需要同自己的生产紧密结合起来,这样才能做到有的放矢。新型职业农民通过经常性的形势和政策的学习,联系国际形势、国家大局,能够正确地观察和分析形势,全面准确地理解党的政策。在形势好的时候,看到问题,不盲目乐观;在遇到困难和挫折的时候,看到光明,不悲观失望。

(二)道德素质要求

1. 热爱农村,有主体责任意识

农业是国民经济的基础。马克思曾经说过:“农业劳动是一切其他劳动得以独立存在的自然基础和前提。”毛泽东同志也认为“农业关系国计民生极大”。他认为,农业生产是经济建设工作的第一位,“农业是轻工原料主要来源、农村是轻工业的主要市场”,“农村是重工业的重要市场之一”,“农业是积累的重要来源”,“在一定意义上可以说,农业就是工业”。我们的农民世世代代劳动、生息、繁衍在农村,从事着农业生产,他们依靠自己勤劳的双手,发展生产、扩大经营、战胜灾害、克服困难,为国家提供了

大量的粮食和农副产品,为工业的发展提供原料、劳动和资金积累,奉献社会,服务人民。因此,新型职业农民应该喜欢农村生活,热爱农村,了解中国农业的现状,并能认识到,扎根农业、从事农业、干好农业,是一项光荣而崇高的事业,从而树立发展农村经济的主人翁的责任感和事业心。

2. 诚实守信,恪守职业道德

诚实守信是对公民道德的基本要求,不仅是中华民族的传统美德,也是当代农民应具有的品质。应把职业农民的诚信教育摆在突出位置,作为新一轮农民职业道德教育的总要求,使诚信文化渗透农民工作、学习、生活的方方面面,增强全体农民的信用意识。尤其是在市场经济发展的今天,诚信显得更加重要。农业已从封闭落后的半自给自足的产品经济逐渐转向开放的、活跃的商品经济,职业农民的生产已不是主要为了满足自身需要的自给自足的生产,而是为了创造更多用来交换的商品。现代市场经济是交换的契约经济,更是诚信经济。在以诚信作为维系条件的市场经济中,应坚持货真价实、童叟无欺,不以次充好、掺杂使假、坑蒙拐骗,坚决制止、杜绝任何假冒伪劣商品。在经济往来中讲信用、重信誉,遵循市场交易既定的规则,恪守各种经济合同的约定,不违反各种经济原则,不偷税漏税,自觉依法维护农业市场经济的正常运行秩序。诚信是现代市场经济健康运转的不朽灵魂,诚实守信、恪守职业道德是市场经济条件下新型职业农民必须具备的道德素质。

3. 文明高尚、摒弃封建迷信思想

在社会生活中,新型职业农民要展现现代意识,具体体现在思想观念、精神风貌、移风易俗、民主选举、提高修养等方面。社会主义新农村的一个重要标志就是乡风文明,因此,要加强农村精神文明建设,净化社会风气,营造文明风尚,破除封建迷信思想,让健康、文明、科学的生活方式自觉融入家庭和农村社区。可以通过在农村建立文化站、图书室，引导农民自觉抵制低级趣味、庸俗和迷信的活动，优化农村道德素质建设的外在环境。创造一个农民群众安居乐业、物质文化生活丰富多彩、邻里之间和睦相处的良好环境是建设社会主义新农村的重要目标，新型职业农民要在这一过程中发挥主导作用。新型职业农民应摒弃自给自足、墨守成规、循规蹈矩的生产生活方式，脱离对土地的严重依赖心理，树立创造新生活的愿望和勇气，重视农业科技创新，推进高产、高质、高效的农村农业经济模式。

4. 保护环境，有强烈的环保意识

当前，环境问题已成为全球人类关注的重要问题，环境保护的问题已经成为衡量一个人道德水平高低的重要尺度。保护环境，就要做到正确处理经济发展与保护环境二者之间的关系，深刻认识资源的有限性和环境污染的危害性，特别要意识到浪费资源、污染环境最终会殃及自己和子孙后代。我们当前进行的社会主义新农村建设就应该以科学发展观为指导，坚持可持续发展的原则。

新农村建设的要求中重点提到“村容整洁”，涵盖了农村生态环境建设的相关内容。伴随农业经济发展，要特别注重保护农村生态环境，树立环保意识是农业生产要依靠农业科学技术而非扩大种植面积的方式来增加产量，严禁大面积的森林砍伐；严禁过度放牧而导致草地被毁，丧失保持水土的功能；合理控制使用农药化肥，保持土地质量。同时，农村生活方面要树立良好的生活习惯，不将生活垃圾直接扔到河边、村头、庄稼周围，保护农村水质与空气质量，禁止将污染型企业引入农村，以免加剧农村环境的恶化。

社会主义新型职业农民应当具有生态意识和绿色环保意识，要认识到保护自然环境、维护生态平衡是每个社会成员包括新型职业农民应尽的社会责任和道德义务。

二、科学文化素质

(一)科学素质

科学素质是公民素质的重要组成部分。农民的科学素质通常是指其所具备的科学知识水平以及农民掌握和运用科学技术知识的能力。农民科学素质高低的主要标志是农民懂得专业科技知识的广度和深度、科技兴农意识的强弱、对科技知识的需求欲望大小等。

2013年,国家为贯彻落实《中华人民共和国科学技术普及法》和《科学素质纲要》,加快实施农民科学素质行动,切实加强农民教育培训和科学普及工作,努力培养有文化、懂技术、会经营的新型农民,全面提高农村劳动者的科学素质,特制定《农民科学素质教育大纲》。

通过教育培训和科学普及,使广大农民的科学素质明显提高,在广大农村形成崇尚科学、移风易俗、学法守法、勤劳致富的新风尚;着力提高农民掌握和运用先进实用技术发展生产、增收致富的能力,提高农民节约资源、保护环境、建设生态家园的能力,提高农村富余劳动力向农村产业和城镇转移就业的能力,提高农民经营管理和创业发展的能力,提高农民学习科学知识、适应现代文明、改善生活质量的能力。力争到2020年,全国95%以上的农村劳动力能够接受科学素质教育培训,95%以上的乡村能够开展群众性、社会性、经常性的科学普及活动,农民科学素质能够基本适应全面建设小康社会的要求。

(二)文化素质

农民的文化素质一般是指其所具备的文化知识水平,反映农民接受文化知识教育的程度和掌握文化知识的多少,也包括农民的思想观念、情感意志、文化艺术素质等人文素质。一个国家或地区的农民文化素质状况，主要是采用农民接受文化知识教育的平均年限——文化程度指数来衡量。文化程度指数越高，说明接受文化知识教育的时间越长，所能达到的文化素质水平就越高。同时，农民的文化素质还包括农民在生产生活实践中学习、磨炼、陶冶所形成的反映农民综合素质的、体现农民时代特征的精神品格和内在涵养，农民文化素质的高低对社会主义新农村建设有重大影响。

三、创业素质

(一)农民创业的主要特点

农民作为社会主义市场经济的主体，在四十余年的改革发展与创业创富的实践中已经呈现出多层次、多领域、多形式、多渠道创业的新格局，形成了一个庞大的创业群体。具体来说，这种群众性的创业活动有三个特点：

1. 创业主体的多样性

既有家庭成员共同创业的家庭经营形式，如家庭工厂、家庭作坊、家庭农场、个体工商户等，也有集体创业和合作创业，如创办集体企业、发展合作经济、组建农民专业合作社等，还有股份制企业创业，如有限责任公司、股份有限公司等。

2. 创业水平的多层次性

农民的创业基础、创业素质、创业经验、创业历程不同决定了农民群众创业水平的多层次性。既有农民以解决生存生活为目的的依靠自己的家庭资源、传统劳动技能为主的创家业的基础性创业，也有以追求更大的赢利和发展机会为目的的依靠社会资本、社会资源的企业化创业，还有以追求共同富裕和社会责任为目的的依靠组织起来的集体力量、社会力量、政策支持和高科技等创业要素实现更高层次的社会化创业。每个人的能力不一样，思想境界不一样,掌握的社会资源不一样,可以自主地选择适合自己的创业形式、创业领域和创业层次。

3. 创业领域的广泛性

既有农业生产领域的创业,也有工业生产领域的创业,还有第三产业领域的创业;既有农村就地创业,也有异地创业,还有进城创业,同时还有到世界各地创业。

(二)创业素质的构成

创业是极具挑战性的社会活动,是对创业者自身智慧、能力、气魄、胆识的全方位考验。一个人要想获得创业的成功,必须具备基本的创业素质。创业素质就是创业行动和创业任务所需要的全部主体要素的总和,它包括以下方面内容:

1. 创业意识

创业意识也可以称为创业理念,它是一个创业主体的人敢于去从事创业活动的思想基础。提高农民的创业意识就是要使广大农民群众懂得创业是创富的源泉,只有自主创业才能把自己的聪明才智转化为现实生产力,才能为自己赢得发展的前途和幸福的人生。同时,也要使广大农民群众意识到创业有风险,创业有艰辛,创业有曲折,只要敢于创业,就有可能获得创业的成功,也就是要树立敢想敢为的创业意识,要有自信、自强、自立的创业观念,克服“等、靠、要”的思想和自卑消极畏难的情绪,要相信“有志者,事竟成”,努力通过创业为自己创造美好的前途。

2. 创业精神

创业精神是指创业者的精神意志、人格特质。成功的创业者都有胜不骄、败不馁的精神气质。浙江的农民群众在发展乡镇企业和创业创富的过程中表现出来的想尽千方百计、历尽千辛万苦、走遍千山万水、说尽千言万语的“四千”精神就是比较形象的创业精神。

3. 创业经验

经验是人们经由实践活动对客观事物的直接了解，是在感性认识过程中形成的，是人与客观事物直接相互作用的结果。经验有直接经验和间接经验之分。创业经验一是要靠自己在创业的实践活动中去摸索积累，二是要通过向他人借鉴和在学习创业实践活动中获得。

4. 创业技能

创业知识与创业技能是创业的基本要素之一。在市场经济条件下，创业创富的机会无处不在，但创业的机会只会青睐有准备者。掌握创业的技能和知识是实现创业最重要的准备工作。作为创业的基本素质之一的创业技能和知识，大致有三类：一是创业成功所需要的专业技术知识和能力。在某一个行业领域里创业，就必须掌握从事这一行业生产经营活动所需要的相应的生产、技术、产品开发、市场营销等专业技术知识；二是创业所需要的经营管理知识和法律知识，即要掌握创业企业、创业实体的生产经营管理、人力资源管理以及运用政策法律等知识与能力；三是与社会各方面交往所需要的社会知识和交际能力。创业活动也是一个社会交往的过程，必须学会与不同的社会群体打交道，必须具备一定的社会交际能力、公关能力和营销策划能力，努力为创业活动的成功创造良好的发展环境。

四、礼仪素质

（一）礼仪素质的内涵

在社会主义新农村建设中，“乡风文明”的要求能否最终实现与提高农民的文明礼仪素质紧密相关。文明的农村、开放的农村、和谐的农村需要文明礼仪。礼仪是人们在社会交往和网络交往过程中形成的并得到共同认可的各种行为规范,它是人们在共同生活和相互交往中逐渐形成的,以一定的程序、方式来表现的律己、敬人的完整行为。它体现了一个国家、一个民族、一个地区的道德风尚和人们的精神面貌。礼仪随着人类社会的产生而产生,随着经济的发展、社会的进步而不断前进。礼仪象征着文明,是和粗野相对立的,衡量着一个人的道德情操及文化涵养是人际交往过程中外在的表现形式和规则的总和。礼仪素质是指一个人在日常工作、生活和社会交际活动中,自觉遵守社会通行的礼仪准则的一种自控能力和文明素质。它的形成是人们根据一定的交际礼仪原则和规范自觉地进行学习和训练,最终使自己养成一种时时事事按礼仪要求待人接物的行为习惯的过程。

(二)文明礼仪的内容

1. 文明礼节

文明礼节是人们在交际过程中逐渐形成的约定俗成的和惯用的各种行为规范的总和。文明礼节是社会外在文明的组成部分,具有严格的礼仪性质。它反映着一定的道德原则内容,反映着对人对己的尊重,是人们心灵美的外化。现代文明礼节主要包括:介绍礼节、握手礼节、打招呼礼节、鞠躬礼节、拥抱礼节、亲吻礼节、举手礼节、脱帽礼节、致意礼节、作揖礼节、使用名片礼节、使用电话礼节、约会礼节、聚会礼节、舞会礼节、宴会礼节、网络礼节等。这些文明礼节总体上体现了人对人的尊重和友谊,使人在交往过程中做到不卑不亢、彬彬有礼、和睦相处。

2. 文明仪表

仪表指人的外表形象。文明仪表是人在日常工作、生活中体现出来的具有文明素质的人的仪容、服饰、体态等。文明仪表属于美的外在因素,反映人的精神状态。文明仪表是一个人心灵美与外在美的和谐统一,美好得体的仪表来自高尚的道德品质,它和人的精神境界融为一体。文明仪表既是对他人的尊重,也是自尊、自重、自爱的表现。

3. 文明礼貌

文明礼貌是指人们在社会交往过程中良好的言谈和行为。它主要包括口头语言的礼貌、书面语言的礼貌、网络语言的礼貌、态度和行为举止的礼貌。文明礼貌是人的道德品质修养最简单、最直接的体现,也是人类文明行为最基本的要求。在现代社会,使用礼貌用语,态度和蔼,举止适度,尊重他人,已成为人们日常的行为规范。

4. 文明礼俗

文明礼俗,即由传统的民俗礼仪延续至今,并被人们广泛接受和通行的礼俗,它是文明礼仪中具有鲜明的地区、民族特色的一种特殊形式。文明礼俗是由历史形成的,普及于社会和群体之中并根植于人们心里。不同国家、不同民族、不同地区在长期社会实践中形成了各具特色的风俗习惯。“十里不同风,百里不同俗”,每一个民族、地区,甚至一个小小的村落都可能形成自己的风俗习惯。“入乡随俗”指的就是外来的人们要尊重当地的风俗习惯,形成当地人所接受的文明礼俗。

5. 文明仪式

文明仪式指行礼的具体过程或程序,它是礼仪的具体表现形式。文明仪式是一种比较正规、隆重的礼仪形式。人们在社会交往过程中或是在组织开展各项专题活动过程中,常常要举办各种仪式,以体现出对某人或某事的重视,或是为了纪念等。常见的文明仪式包括成人仪式、结婚仪式、安葬仪式、凭吊仪式、告别仪式、开业或开幕仪式、闭幕仪式、欢迎仪式、升旗仪式、入场仪式、签字仪式、剪彩仪式、颁奖授勋仪式、宣誓就职仪式、交接仪式、奠基仪式、捐赠仪式等。仪式往往具有程序化的特点,这些程序有时是人为地约定俗成的。

第三节　新型职业农民队伍的建设与管理

一、新型职业农民培育工程

新型职业农民培育就是在一定的培育环境下,培育主体借助培育工具和信息技术,以多样化的培育方式将农业知识、技能、现代观念等内容传递给农民,使普通农民和有志从事农民职业的人成为新型职业农民。为了全面推进新型职业农民的规模扩张和成长壮大,国家实施了包括新型职业农民培育工程、新型职业农民学历提升工程、新型职业农民信息化建设工程等三大重点工程,其中新型职业农民培育工程是重中之重。2012 年,原农业部在全国具有代表性的 100 个县开展了新型职业农民培育试点工作,并取得了初步成效。在此基础上,2014 年,原农业部联合财政部正式启动实施新型职业农民培育工程,着力培养一支有文化、懂技术、会经营的新型职业农民队伍,为发展现代农业提供强有力的人才支撑。2017 年,原农业部发布《"十三五"全国新型职业农民培育发展规划》,在政府政策的指引下,新型职业农民培训规模不断扩大,财政投入力度持续增加,培育了一大批新型职业农民。

(一)目标和任务

1. 构建新型职业农民队伍

以服务现代农业产业发展和促进农业从业者职业化为导向,着力培养和构建一支有文化、懂技术、会经营的新型职业农民队伍,为发展现代农业提供强有力的人才支撑。

2. 探索建立培育制度

适应现代农业发展要求,建立适合我国国情的新型职业农民培育制度,通过教育培训提高职业农民综合素质和生产经营水平,通过规范管理引导农民走上职业化发展道路,通过政策支持提高职业农民自我发展能力。

3. 建立健全培育体系

充分发挥各级农业广播电视学校(以下简称农广校)(农民科技教育培训中心)的作用,创新运行机制,统筹利用好农业职业院校、农技推广服务机构、农业高校、科研院所等公益性教育培训资源,并积极引导农民合作社、农业企业、农业园区等社会化教育培训资源参与培育工作,构建新型职业农民培育体系。

(二)基本原则

1. 坚持政府主导

新型职业农民培育具有公共性、基础性和社会性,坚持政府主导,加强统筹协调,制定扶持政策,加大经费投入,改善培育条件,营造良好氛围。

2. 发挥市场机制的作用

发挥市场在资源配置中的决定性作用,尊重农民意愿,满足农民需求,调动农民参与培育积极性;建立各类主体参与培育的有效机制,增强培育活力,规范培育行为,提高培育质量。

3. 立足产业培育

把服务现代农业产业发展作为培育新型职业农民的出发点和落脚点,围绕农业供给侧结构性改革工作主线,以绿色发展为导向,以提质增效和农民增收为目标,着力培育壮大新型农业经营主体,加快推进农业转型升级,促进主导产业、特色产业和优势产业做大做强。

4. 突出精准培育

着眼构建新型职业农民队伍,科学遴选培育对象,分产业、分类型、分层级、分模块实施教育培训,强化跟踪服务、政策扶持和规范管理,把新型职业农民培养成建设现代农业的主导力量。

二、加强农民继续教育的管理

(一)基地管理

目前,我国开展农民培训的基地层次多、种类多,既有教育部门、农林部门、人力资源和社会保障部门举办的,又有社会力量举办的。针对农民开展的培训,既有不同层次的学历教育,又有不同等级的职业培训。因此,我们必须按照实事求是、服从需求、坚持标准的原则,对各类办学机构进行分类管理。

1. 中等教育层面基地管理

(1)中等学历教育类型

据农业部门固定观察点抽样调查显示,我国农业劳动力年龄主要集中在40岁以上,占全部从事农业生产人数的75.9%,平均年龄接近50岁,部分地区甚至达到55岁以上。据有关资料,在全国4.9亿农村劳动力中,高中及以上文化程度的只占13%,初中文化程度的占49%,小学及小学以下文化程度的占38%,其中不识字或识字很少的占7%。鉴于我国农村劳动力的现有文化知识结构呈初中及以下学历者占多数的现状,很多地区开展农民继续教育,还须从初等或中等文化知识的补偿教育起步。

一是小学后学历延伸教育(初中文化知识的补偿教育)。目前,在一些农村经济和教育欠发达地区,在基本扫除青壮年文盲后，将农村成人教育的重点放在了小学后的学历延伸教育（初中补偿教育）。一般情况下，这项工作是通过教育部门举办的乡镇成人文化技术学校协调当地中小学和乡村来组织实施的。这种由当地义务教育段全日制学校提供师资和教材，借用全日制学校的校舍或在村民学校组班开展教学的方法，既是农村成人教育的传统方式，又受群众欢迎。在长期实践中，这种小学后学历延伸教育（初中文化知识的补偿教育）的方式，较少在办学资质的认定上引起争议。

二是初中后学历延伸教育（中职或成人高中的文化知识补偿教育）。从全国各地的实践来看，开展对农村人群初中后的学历延伸教育，主要途径是成人高中学历教育、中职学历补偿教育，或者是与职业技能培训相结合的“学历＋技能”成人高中“双证制”教育。这种类型的办学主体一般是中等职业学校或乡镇成人文化技术学校。

(2)办学资质管理

一是中等职业学校的资质管理。2014 年 3 月，教育部办公厅、原农业部办公厅联合发布了《中等职业学校新型职业农民培养方案（试行）》，标志着我国中等职业学校向广大农民敞开了大门。农业人才的培养以往依赖于中等或高等涉农院校来培养相关专业学员，并通过政策引导其毕业后进入农村工作。现在，国家鼓励广大中等职业学校从“离农”转型为“向农”，让已务农的农民“回炉”职业学校，培养职业农民，无疑为中等职业学校赋予了历史重任。通常来看，各地中等职业学校面向成人，尤其是面向农民开展中等职业教育，都是采取结合职业技能的培训进行的。这对于全日制中等职业学校来说，办学资质应该不成问题。需要强调的是，中等职业学校开展农民继续教育或新型职业农民培育，并开展相应的学历教育，也须经过严格的资质审核。教育部办公厅《关于进一步完善招生工作机制，规范中等职业学校招生秩序的通知》（教职成厅〔2014〕4 号）严肃指出：要按照教育部发布的《中等职业学校管理规程》《中等职业学校设置标准》等相关规范,严格审核学校办学资质,科学核定办学规模和年度招生人数,合理确定专业设置及分专业招生计划,严格实行中职招生准入制度,建立中职学校人才培养质量年度报告制度、督导检查制度和学校退出机制,确保中等职业教育的基本办学条件和教育教学质量。对不具备招生条件、办学资质存在严重问题的学校应依法取消其招生、办学资格。由此说明,中等职业学校开展新型职业农民中等职业教育或农民继续教育,在专业设置、师资配置、教学条件配套等方面,都应达到相应的资质条件,并得到主管部门的许可。

二是乡镇成人文化技术学校的资质管理。乡镇成人文化技术学校是在20世纪80年代我国农村经济体制改革和农村教育体制改革中应运而生的农民学校。乡镇成人文化技术学校一般由乡镇政府举办和管理,专职管理人员和教师一般由教育行政部门派遣,成人教育业务也在上级教育行政部门的指导下开展。这类学校通常称作教育系统的乡镇成人文化技术学校。目前,全国各地的乡镇成人文化技术学校办学条件参差不齐,学校规格、建制标准和办学层次也不尽相同。因此,不同办学条件不同建制标准的乡镇成人文化技术学校,其办学资质也是不同的。如上海、江苏、浙江等经济发达省份,乡镇农村成人文化技术学校有的是按高级中学建制标准设立的,这些学校举办成人高中学历教育的资质毋庸置疑。但很多地区的乡镇成人文化技术学校,即使是教育部门举办的,由于受办学条件限制,多数不具备高中阶段学历教育办学资质。这些学校大多基础设施和办学条件比较简陋,没有专门的师资,办学经费投入少,学校运转比较困难。有的仅有一两名管理人员,没有固定的校舍,还在乡镇政府院内办公。

(3)加强乡镇成人文化技术学校基础能力建设

乡镇成人文化技术学校是农村成人教育基础,可以说是农民继续教育的生力军。农民继续教育不是短期的阶段性任务,而是发展现代农业、建设新农村的长期任务。

第一,建设标准化的乡镇成人文化技术学校。全面推进乡镇成人文化技术学校的标准化建设是推动农民继续教育的治本之举。以浙江省为例，为全面推进成人继续教育，完善农村成人继续教育网络，从 2006 年始，在全省实施成人继续教育推进工程。其内容涉及乡镇成人文化技术学校标准化建设、新型农民素质培训示范基地建设、成人“双证制”教育培训、农村预备劳动力职业技能培训、成人继续教育网络课程和精品教材开发等七个方面。

第二，建设高标准的乡镇成人文化技术学校。开展标准化的乡镇成人文化技术学校建设是面向全体成校的一项基本要求，建设高标准的乡镇成人文化技术学校则是打造龙头性、高端化农村成校的示范性工程。一般而言，建设高标准、示范性的乡镇成人文化技术学校，应在提升内涵、扩大辐射上起示范引领作用。其示范性一是体现在新型职业农民培养和终身学习的理念上；二是体现在学校办学体制机制的突破和创新上；三是体现在所开展的教育服务的质量效益上。通过建设高标准的乡镇成人文化技术学校，从而在农村形成一批办学水平高、设施先进、成效显著、特色鲜明、具有典型示范作用的现代化、骨干性乡镇成人学校，使其成为促进当地现代农业发展、提高农民综合素质和生活品质的教育培训中心、资源建设中心和农民学习中心。

第三，建设农村成人教育集团化学校。可以以中等职业学校为依托，建设乡镇成人学校集群。以中等职业学校为依托，联合乡镇成人文化技术学校，形成办学网络，是近阶段开展农民继续教育的有效措施之一。这种模式的前提条件是中等职业学校要有统一的专业教学标准，有专门的师资条件，有统一的课程实施方案，并有统一的考试考核等认证条件。乡镇成人文化技术学校作为中等职业学校的教学点，负责学员的招生工作和教学班的日常管理。否则，不具备成人高中学历教育认证条件的乡镇成人文化技术学校独立开展新型职业农民中等职业教育或农民继续教育，其资质和质量都会受到社会的质疑。

第四，推动农村成人学校的格式化办学。对于不具备高中学历教育资质的农村成人学校，可在上级教育行政部门的整体规划下开展学历教育的格式化办学。即由省或地(市)教育行政部门统一确定学习项目的课程和标准，统一提供教材，统一组织考试，统一进行学习认证。其中，各地乡镇成人文化技术学校只是在统一的规划下组织生源、组织教学活动，完成相应的教学任务。浙江省实施的“双证制”教育培训便是一例。

2. 高等教育层面的基本建设

培育新型职业农民与农业高校的发展是相辅相成和互相促进的。

涉农高等院校与农业、农村和农民有着天然的联系，是农业教育的龙头，应该也必须成为农民继续教育的龙头。

(1)构建涉农高校农民继续教育体系

新型农民培训，不仅要着眼于对现有农业生产者的生产经营能力培训，更要着眼于对农民继承者的培育，高等农业院校应该根据自己的人才优势、学科优势和科研优势，从新型农民的本质和内涵出发，分层次、多方位构建农民继续教育体系。

第一，整合学科专业，构建农民继续教育体系，着眼于对“未来农民”的培养。这包括两个方面：一是修改现有的农科类大学生培养目标和培养方案，加强创业教育，将农科类大学生培养成“将来时的新型高级农民”，让他们成为了解国内外农业最新动态，受过高级专门训练，掌握和能够运用农业高新科技，将来可以成为农业产业大军的领军人物，在提高农业产品数量与质量以及提升农产品科技含量中发挥重大作用。二是努力探索农村劳动力学历教育培养的新模式，以农村从事农业生产的青年农民和欲回乡从事农业的年轻劳动力、农业大专院校和中等职业学校毕业学生为主要对象，通过成人高考在职或者脱产培养农科类大学生，采取文化与专业技术、理论与生产实践相结合的教学办法和要求，加快培养适应新农村需要且适合农村、留得住、用得上、能发展、会带动的农村实用人才，并不断提升农村青年农民的学历层次和受教育程度。

第二，整合资源，构建农民继续教育的职业培训体系。这一体系的构建主要是依托高等农业院校设置专门机构来支持和开展农民职业教育和技术培训。其培训对象是在农村从事农业生产经营活动的一线生产人员和技术人员，特别是种养大户、农民专业合作社带头人或理事会成员以及农村经纪人、龙头企业管理者等，其目标是培养“现在时的高级职业农民”。通过开展各类职业技能培训和经营管理知识培训，提升接受培训者的专业生产技术能力以及综合素质和发展能力，培育一大批能够适应现代农业发展需求的高级农民。与现有高等农业院校开展的农民培训不同的是，它不再只是继续教育范畴中的一小部分，而是有自己专门的组织管理机构和教学服务体系，并且拥有相关的职业技能认证资格，能够整合高等农业院校人才优势和资源优势，为新型农民的培训提供更加专业也更加完整的新途径。

(2)创新培训方式

一是高校集中授课和基层培训相结合，方便农民。在校授课好处很多，如教学条件更好，教师授课更方便，学员脱离原有的生产生活环境，能专心地投入培训，还可以更好地利用和挖掘高校的教育资源，等等，但是对很多学员的生产和生活也造成了不便。到县或乡镇设立课堂，能更好地方便农民，使更多的农户接受培训。

二是课堂讲授和现场指导相结合，融理论与实践为一体，解决农民在生产经营中的实际问题。高校的课堂讲授往往偏重于知识的普及和观念的转变，但缺乏针对性。到农业生产第一现场进行指导和培训，更能发现农民生产经营中存在的问题，给出农民直接的有针对性的指导建议，培训的效果将会更好。

三是面对面交流与远程交流相结合，随时随地为农民生产经营中遇到的问题答疑解惑。要充分利用高校的远程教育和培训平台，建立农民培训的远程跟踪机制，对农民生产经营中遇到的各种问题进行追踪，确保培训的连续性和持续性。

四是将高校的教学科研和社会实践活动与农民培训工作相

结合,形成高校和农业生产第一线的良好互动。可通过加强对大学生村官培训,使其更好地利用自身知识和资源为农业生产近距离服务;可通过大学生下乡、走基层活动展开农民培训,使农科类大学生学以致用;可通过高校科研示范基地和生产教学实习基地建设对农民开展现场培训等。

(3)加强教材建设

第一,专业标准建设。专业教学标准是开展专业教学的基本文件,是明确培养目标和规格、组织实施教学、规范教学管理、加强专业建设、开发教材和学习资源的基本依据,是评估教育教学质量的主要标尺,同时,也是社会选人用人的重要参考。涉农高校应牵头组织相关学校与当地农业技术专家相结合,遵循实用性、标准化原则,编制出符合新型职业农民培育特点的专业教学标准,并组织对专业教学标准的学习、研究和实施工作。同时,积极总结教学改革的经验,及时组织开展师资培训和教研活动,促进教师转变教育教学观念,提高运用专业教学标准的能力。

第二,培训教材建设。涉农高校应积极鼓励和组织专业教师与当地农业技术专家相结合,遵循实用性、通俗性原则,编制出符合农民学习特点的创业培训教材、岗位技能培训教材以及农业生产实用技术培训教材。这类培训教材应强调理论联系实际,突出实践环节,语言通俗易懂,注重培训对象实际操作能力的形成和提高。同时,考虑到现阶段农民的文化程度参差不齐,且普遍偏低,应该既有文字教材,也要有声像教材,文字教材最好能图文并茂,以使不同文化程度的培训对象也能学习到相关知识。

(二)教学管理

1. 教学计划编制

教学计划(即人才培养方案)是服务于人才培养模式,实现人才培养目标,保证人才培养质量的纲领性文件,也是人才培养模式的载体,是统领整个教学活动的进程表,一经确立,所有教学活动都必须服从教学计划安排。实施新型职业农民培育工程，必须编制相应的教学计划。这是构建和实施农民继续教育模式的基础性环节。根据《中等职业学校新型职业农民培养方案试行》所确定的课程类型和课程要求，制定新型职业农民中等职业教育或继续教育的教学计划，都必须充分考虑农业教育的特点和“学历＋技能”人才培养模式的特点。

(1)工学结合原则

一是要积极服务于农业生产劳动和社会实践相结合的学习模式，把工学结合作为教学计划设计的重要切入点，带动专业教学标准建设，引导课程设置、教学内容和教学方法改革；二是重点考虑教学过程的实践性、开放性和职业性，与农业、农业企业和新农村的社会需求相匹配，重视职业素质的培养；三是根据农业生产的季节、流程设计教学计划，安排好相应的实验、实训、实习等关键环节。

(2)互动性原则

农业行业的职业特点不同于其他行业，一是农业生产周期长，受气候环境、地理位置、土壤状况以及病虫害等影响比较大，很多因素是不可控的，影响农业生产的因素往往是综合起作用的，是比较复杂的；二是农业职业分化程度比较低，工种划分比较模糊；三是农业产业附加值低，农业企业规模不平衡，经营不稳定。因此，农民继续教育过程中，要充分考虑教学活动的安排与农业农时的互动结合。即应根据学员生产经营实际和农时季节特点组织教学，上课作息时间要符合农民生产生活规律，理论教学与实践教学交替进行，农忙时多实践指导生产，农闲时多安排理论教学。

(3)一致性原则

一是制订教学计划要重视学员的理论教学、校内学习与实践教学、实际工作的一致性，校内成绩考核与实践环节考核相结合，探索理论教学与实践教学的一体化；二是积极开发和制定相关标准，服务于订单培养，服务于工学交替、任务驱动、项目导向、顶岗实习等有利于增强学员能力的教学模式,努力提高教学质量;三是以职业农民的身份,加强对学员的生产实习和社会实践管理,保证理论教学学时数与实践教学学时数的比例达到1∶1至1∶2。

2. 教学大纲编制

课程教学大纲是教学的基本文件之一,具有重要的指导作用。教育部办公厅、原农业部办公厅印发的《中等职业学校新型职业农民培养方案试行》指出:教学大纲是指导相关新型职业农民课程教学工作的纲领性文件,包括课程名称、课程说明、学习要求、教学方法、教学目的、教学内容与要求、教学提示、时间分配和教学考核及评分办法等。制定课程教学大纲时,要遵循以下原则:

(1)一致性原则

即课程教学大纲要准确体现教学计划中对人才培养的规格要求,符合农民继续教育的教学目标、培养规格对教学内容的基本要求。同时,各门课程的教学大纲都要服从课程结构和教学计划的整体要求,相同课程在不同专业的教学计划中应根据各自课程结构的要求有所区别。

(2)成人性原则

即突出成人教育特点,构建以学习为中心的教学大纲。组织编写教学大纲,首先应紧扣成人教育人才培养模式,在制定编写教学大纲的指导意见中提出切合成人教育教学实际的规范要求。特别是要以人为本、更新观念,在具体内容、形式上融入对成人学员的教学要求、学习内容。如遵循农业生产规律,与农时季节紧密结合,遵守理论学习与实践教学、自主学习相结合的基本原则。成人教育形式多样,应因学时不同,授课内容的广度、深度不同,在教学方式上有所不同。如强调对自主学习的指导,提供更多的综合信息,增加学习资料、学习方式、日常作业、成绩评定等项目。

(3)评价性原则

每门课程都要有相应的知识、能力和职业素质测试标准与考核方法。这样既能帮助教师按照教学大纲实施教学,努力提高教学质量,又为新型职业农民的评价与认证提供客观依据。

(4)前瞻性原则

课程教学大纲应较好地反映本课程在现代农业发展中的先进成果及其发展趋势,充分体现现代性、职业性,并为学员终身发展打好基础、留出空间。

(5)动态性原则

随着科学技术、社会经济和现代农业的不断发展,农民继续教育的人才培养方案会适当调整。随着人才培养目标的变化,课程教学大纲也要适时调整、更新,以充分体现其在教学中的规范和指导作用。因此,必须利用教学大纲编制系统,对课程教学大纲实施动态管理,及时修订,以确保教学大纲的适应性。

(6)必需、够用原则

课程教学大纲既要明确本课程在教学计划中的地位、作用和任务,又要符合职业能力分析和行动导向的要求,课程内容的选取、深度与广度的把握,都要以“必需、够用”为度。技术课要加强针对性、实践性,强调技术应用能力的形成和职业素质的养成。特别是对于实践教学课程,教学大纲要明确具体的基本结构与内容。一是实践课程的性质、目的与任务,指出本课程实践环节的具体实际训练内容,应掌握哪些基本操作和技能。二是实践课程教学的基本要求应按应知、应会、掌握三个层次写明实践课程的主要内容和要求。

参考文献

[1]沈琼.新型职业农民培训读本[M].北京:中国农业出版社,2019.

[2]张禧,毛平,赵晓霞.乡村振兴战略背景下的农村社会发展研究[M].成都:西南交通大学出版社,2018.

[3]代改珍.乡村振兴规划与运营[M].北京:中国旅游出版社,2018.

[4]孙景淼.乡村振兴战略[M].杭州:浙江人民出版社,2018.

[5]陈勇,唐红兵,毛久银.乡村振兴战略[M].北京:中国农业科学技术出版社,2018.

[6]孔祥智,等.乡村振兴的九个维度[M].广州:广东人民出版社,2018.

[7]张勇.《乡村振兴战略规划(2018—2022年)》辅导读本[M].北京:中国计划出版社,2018.

[8]李艳蒲,穆永海,张秀昌.乡村振兴与美丽乡村建设[M].北京:中国农业科学技术出版社,2018.

[9]杨巧利.美丽乡村建设[M].北京:中国农业科学技术出版社,2018.

[10]康晓强."村情通":新时代乡村治理新模式[M].北京:人民出版社,2018.

[11]袁海平,顾益康,李震华.新型职业农民素质培育概论[M].北京:中国林业出版社,2017.

[12]干永福,刘锋.乡村旅游概论[M].北京:中国旅游出版社,2017.

[13]农业部农民科技教育培训中心组.新型职业农民培训规范[M].北京:中国农业出版社,2017.

[14]农业部科技教育司，中央农业广播电视学校. 2016 年全国新型职业农民发展报告[M]. 北京：中国农业出版社，2017.

[15]金海年. 2049：中国新型农业现代化战略[M]. 北京：中信出版社，2016.

[16]陈中建，倪德华，金小燕. 新型职业农业素质能力与责任担当[M]. 北京：中国农业科学技术出版社，2016.

[17]王学平，顾新颖，曹祥斌. 新型职业农民创业培训教程[M]. 北京：中国林业出版社，2016.

[18]黄凯. 休闲农业与乡村旅游[M]. 中国财富出版社，2016.

[19]刘光. 乡村旅游发展研究[M]. 青岛：中国海洋大学出版社，2016.

[20]骆高远. 休闲农业与乡村旅游[M]. 杭州：浙江大学出版社，2016.

[21]樊阳程. 生态文明建设国际案例集[M]. 北京：中国林业出版社，2016.

[22]彭飞龙，陆建锋，刘柱杰. 新型职业农民素养标准与培育机制[M]. 杭州：浙江大学出版社，2015.

[23]唐珂，闵庆文，窦鹏辉. 美丽乡村建设理论与实践[M]. 中国环境出版社，2015.

[24]靳伟，李秀枝，成守敏. 新型职业农民创业培训教材[M]. 北京：中国农业科学技术出版社，2015.

[25]朱奇彪. 职业农民培训概论[M]. 杭州：浙江大学出版社，2014.

[26]徐仙娥. 新型职业农民教育读本[M]. 北京：中国农业大学出版社，2014.

[27]唐珂，刘祖云，何艺兵. 美丽乡村国际经验及其启示[M]. 北京：中国环境科学出版社，2014.

[28]唐珂，宇振荣，方放. 美丽乡村建设方法和技术[M]. 北京：中国环境科学出版社，2014.

[29]李秀忠，李妮娜. 当代中国乡村文化建设问题研究[M].

济南:山东人民出版社,2014.

[30]严瑞珍等.未来十年农业农村发展展望[M].北京:中国农业出版社,2014.

[31]陶良虎.美丽乡村:生态乡村建设的理论实践与案例[M].北京:人民出版社,2014.

[32]朱伟.乡村旅游理论与实践[M].北京:中国农业科学技术出版社,2014.

[33]花明.新农村建设:环境保护的挑战与对策[M].北京:中国环境出版社,2014.

[34]周挺.乡村治理与农村基层党组织建设[M].北京:知识产权出版社,2013.

[35]丁志宏.国外农民的职业培训[M].北京:中国社会出版社,2010.

[36]韩作珍,杨茹.新时期新型农民与乡风文明[M].北京:中国社会出版社,2010.

[37]王钟健.新疆新农村建设乡风文明[M].乌鲁木齐:新疆美术摄影出版社;新疆电子音像出版社,2009.

[38]朱启臻.乡风文明[M].北京:中国农业大学出版社,2007.

[39]刘军萍.乡村振兴与乡村休闲旅游发展[N].中国旅游报,2019-07-08.

[40]朱华丽.加快提升乡村治理智能化水平[J].当代广西,2019(11):53.

[41]崔勇前.山西省乡村旅游资源开发与产业发展策略探析[J].中国农业资源与区划,2018,39(10):171-176.

[42]付娜.发达国家城乡一体化经验对中国进一步城乡统筹发展的启示研究[J].世界农业,2014(08):47-53.

[43]唐丽静.国外城乡统筹发展的启示[J].山东国土资源,2014,30(03):99-101.